MEMOIRES
DE
GAUDENCE
DE LUQUES.

2e. Partie.

MEMOIRES
DE
GAUDENCE
DE LUQUES,

PRISONNIER DE L'INQUISITION,

Augmentés de plusieurs Cahiers qui avoient été perdus à la Douanne de Marseille, enrichis des sçavantes Remarques de M. RHEDI, & de Figures en Taille douce.

SECONDE PARTIE.

A AMSTERDAM.

M. DCC. LIII.

MÉMOIRES
DE
GAUDENCE
DE LUQUES.

SECONDE PARTIE.

LE lendemain ſur les neuf heures du matin, nous arrivâmes à un endroit où il y avoit quelques troncs d'arbres deſéchés avec un peu de mousse qui couvroit la terre au lieu d'herbe. Ici le vent tomba, & les chaleurs devinrent très-violentes. Le Pophar nous ordonna de mettre pied à terre, & de dresser nos tentes, pour nous garantir & nos dromadaires de l'ardeur du Soleil. Leurs tentes étoient faites d'une toile cirée si fine, que je n'en ai jamais vû de semblable, extrêmement légeres, & par conséquent très-faciles à porter; elles étoient cependant à l'épreuve du Soleil & de la pluie.

Nous restâmes dans ce lieu jusqu'à six heures du soir; & après nous être bien rafraichis, & avoir fait rafraichir nos dromadaires, nous nous remîmes en chemin, allant toujours en ligne droite vers le Couchant. Nous voyageâmes ainsi pendant trois jours & trois nuits sans aucun événement remarquable ; j'ai obſervé ſeulement qu'il me ſembloit que nous allions toujours en montant, & que le vent devenoit non-ſeulement plus fort, mais que l'air étoit même beaucoup plus frais.

Le lendemain ſur les dix heures nous apperçûmes encore quelques arbres à main droite, qui paroiſſoient plus ſerrés & plus verts que les autres, & ſembloient être le commencement d'une vallée habitable ; ils l'étoient en effet. Le Pophar nous dit d'aller de ce côté-là ; c'étoit la premiere fois que nous nous étions détournés de notre route. Je crus, par la joye que mes compagnons témoignerent, que c'étoit-là le commencement de leurs Pays ; mais je me trompois bien, nous avions encore à faire un chemin beaucoup plus long & plus dangereux que celui que nous avions fait. Cet endroit étoit cependant une des ſtations les plus remarquables de notre voyage, comme vous verrez par la ſuite.

A meſure que nous avancions le terrein s'ouvroit, & formoit une deſcente qui conduiſit dans une très-belle vallée de palmiers, de dattes, d'orangers, & d'autres arbres fruitiers, tout-à-fait inconnus dans ce pays, avec une quantité prodigieuſe d'arbriſſeaux odoriférans qui répandoient dans l'air un parfum délicieux (*a*).

(*a*) Les meilleurs Hiſtoriens parlent de la grande fertilité de l'Afrique, dans les vallées qui ſont entre les déſerts & l'extrémité du Pays, pendant une étendue conſidérable vers les deux mers : quoique la chaîne de montagnes que notte Auteur traverſa, & d'autres endroits, ſoient entierement couverts de ſables.

Nous pénétrâmes dans l'endroit le plus couvert, & nous commençâmes d'abord par ſoulager nos dromadaires de leurs fardeaux, car notre ſalut dépendoit d'eux. Après que nous nous fûmes rafraîchis, le Pophar ordonna à tous d'aller dormir, & de mettre le tems à profit, parce qu'il y avoit apparence que nous n'aurions guéres celui de nous repoſer les trois jours ſuivans.

J'aurois dû vous dire, qu'en mettant pied à terre, tous mes compagnons ſe proſternerent & baiſerent la terre avec tant de joye & d'ardeur, que je croyois réellement qu'ils ſe félicitoient d'être arrivés dans un lieu ſi fertile ; mais c'étoit par un motif bien différent. J'étois le premier éveillé ; mes craintes & mes inquiétudes ne me permirent pas de dormir auſſi tranquillement que les autres. Voyant que l'heure de partir n'étoit pas venue, je me levai, & m'allai promener dans ce bocage qui me parut d'autant plus délicieux que les déſerts que nous venions de paſſer étoient affreux. Je deſcendis vers le centre de la vallée, ne doutant pas à la verdure & à la fraîcheur du lieu qu'il ne dût y avoir une ſource d'eau. En effet, je n'eus pas fait beaucoup de chemin, que je vis un ruiſſeau qui ſortoit de deſſous un rocher, & qui formoit un baſſin naturel qui alloit ſerpentant vers le centre de la vallée, croiſſant toujours à meſure qu'il s'éloignoit de ſa ſource, de ſorte qu'il y a apparence qu'il doit former une petite riviere, à moins que les ſables ne l'engloutiſſent.

Le penchant de la vallée commençoit à ſe former en colline, en ſorte que de l'endroit où j'étois je voyois au-deſſous de moi une très-grande étendue d'arbres & d'arbriſſeaux, qui devenoit plus large ou plus étroite ſelon que les monts de ſable (car je vis bien de-là que c'étoient des monts) bornoient plus ou moins ma vûe. L'imagination la plus vive ne ſçauroit ſe figurer rien de plus riant que l'aſpect de cet endroit. Les ſables arides relevoient de tous côtés la beauté de la verdure, & enfaiſoient mieux goûter la fraîcheur; le chant d'une infinité d'oiſeaux inconnus, la variété des fruits & des parfums qu'exhaloient les aromates, rendoient ce lieu charmant au-delà de l'imagination. Après que j'eus bû de cette ſource, & que j'eus regardé avec admiration toutes ces curiosités naturelles, je vis un grand lion sortir des arbrisseaux, à environ deux cens pas de moi, & aller tranquillement boire au ruisseau. Après qu'il eut bû, il se roula sur l'herbe, & je saisis ce moment pour me sauver & aller rejoindre mes compagnons, que je trouvai tous éveillés, & très-inquiets de mon absence.

Le Pophar me parut un peu fâché de ce que je l'avois quitté : il me dit avec une douceur qui lui étoit naturelle, que je m'étois exposé à devenir la proye des bêtes sauvages ; mais lorsque je leur eus parlé de l'eau & du lion, ils furent encore plus surpris, & se regarderent avec un étonnement mêlé de crainte, que je croyois causé par l'idée du danger auquel je venois d'échapper ; mais je me trompois.

Après s'être dit quelques mots en leur langage, le Pophar prit la parole, & dit tout haut en langue Franque : je crois que nous pouvons laisser voir à ce jeune homme toutes nos cérémonies, d'autant qu'on n'aura plus à craindre bientôt qu'il lui prenne envie de les révéler. Sur cela ils prirent de leurs meilleurs fruits, une cruche d'excellent vin, un peu de pain, un verre ardent, un encensoir, & d'autres instrumens dont les Payens ont coutume de se servir dans leurs sacrifices. La vûe de tout cet attirail me faisoit frémir, jamais je ne leur avois vû faire rien de semblable, & je commençois à craindre réellement que je ne fusse destiné à être sacrifié (*a*) à quelque Dieu

(a) *Destiné à être sacrifié à quelque Dieu infernal, &c.* Notre Auteur n'avoit pas

infernal ; même je n'en doutois plus lorsque je comparois les dernieres paroles du Pophar avec tout ce que je voyois, & je cherchois déja les moyens de vendre ma vie le plus cher que je pourrois.

Le Pophar nous ordonna de mener avec nous les dromadaires & tout ce que nous avions, de crainte,

tout-à fait tort de craindre, vû les préparatifs qu'on faisoit, & les autres circonstances dont il avoit été témoin. D'ailleurs on sçait parfaitement que les anciens Africains, & sur-tout les Gétuliens & les Lybiens, & même les Carthaginois, avoient coutume de sacrifier des hommes pour appaiser leurs Divinités. Bochart, dans la seconde Partie de sa Géographie Sacrée, prouve, a n'en pouvoir douter, que les Carthaginois étoient une partie du Peuple de Canaan que Josué chassa, & qu'ils avoient coutume de sacrifier leurs enfans à Moloch, &c. Du tems même d'Annibal, quoiqu'ils fussent beaucoup plus civilisés, ils ne laisserent pas d'envoyer secretement à Tyr des enfans pour être sacrifiés à Hercule.

disoit-il, qu'ils ne fussent devorés par les bêtes sauvages. Nous descendîmes vers le centre de la vallée où j'avois vû la fontaine. Ils continuerent à marcher jusqu'à ce que la descente devînt impratiquable, mais nous y trouvâmes un chemin étroit que l'art avoit pratiqué, & qui me paroissoit être fraichement battu, ce que je trouvai d'autant plus surprenant que je croyois ce lieu tout-à-fait inhabité, & même inaccessible à tout autre qu'aux gens avec qui j'étois. Il falloit y descendre un à un menant nos dromadaires à la main; j'eus grand soin d'être le dernier, & de me tenir un peu éloigné des autres, de crainte de surprise. Ils faisoient en descendant une procession lugubre, & gardoient un silence profond. Nous parvînmes enfin à un amphithéâtre formé par les mains de la nature, & le plus beau que l'on puisse s'imaginer; on n'y voyoit de toutes parts que des arbrisseaux odoriférans, & à main droite la vûe s'étendoit le long de cette belle vallée, qui étoit bornée par des montagnes de sable. Au milieu de cet amphithéâtre étoit une ancienne pyramide d'une forme semblable à celles d'Egypte, mais beaucoup moins grande que la moindre de celles-ci; on avoit pratiqué dans le côté de cette pyramide qui faisoit face à la vallée, des degrés au-dessus desquels étoit une espéce d'Autel, sur lequel étoit posée la statue d'un vénérable vieillard, extrêmement belle, & faite d'un très-beau marbre poli, ou plutôt de quelque pierre que nous ne connoissons pas, même plus belle que le marbre. Je ne doutois pas alors qu'on ne voulut me ſacrifier à cette Idole ; & ma crainte redoubla, quand le Pophar me dit d'approcher pour être témoin de leurs cérémonies ; je crus qu'il étoit tems de parler, & lui dis, mon pere, car vous m'avez permis de vous donner ce nom, je ſuis prêt à obéir à tous vos ordres, lorſqu'il ne s'agit pas de violer la gloire du Dieu que je ſers ; mais j'aime mieux mourir mille fois que de voir attribuer à un autre ce qui n'appartient qu'à lui ſeul : je ſuis Chrétien, & ne reconnois qu'un ſeul Dieu auquel je dois tout ce que je ſuis ; il eſt le maître abſolu de l'Univers, & ſa loi me défend d'en reconnoître d'autre que lui, ainſi je ne puis participer à votre culte idolâtre. Si par cette raiſon vous voulez me faire mourir, je vous offre ma vie ; mais si votre dessein est de vous servir de moi pour vos sacrifices, je me défendrai jusqu'à la derniere goute de mon sang. Loin d'être fâché de ce que je venois de dire, le Pophar me répondit en souriant, que quand je les connoîtrois mieux, je verrois qu'ils n'étoient pas gens à faire mourir personne, pour ne point penser comme eux ; qu'au reste ce n'étoit qu'une cérémonie religieuse (*a*)

(a) *Une Cérémonie Religieuse qu'ils faisoient à l'honneur de leurs Ancêtres décédés, &c.* Les plus anciennes relations que nous ayons de l'Egypte, dont ces peuples étoient originaires, nous disent qu'ils avoient une extrême vénération pour leurs Ancêtres décédés. On n'a qu'à voir la troisiéme Partie de l'Histoire Universelle de M. l'Evêque de Meaux, que j'ai déja citée.

Diodore de Sicile, qui vêcut sous le commencement du régne d'Auguste, dit, parlant des Egyptiens, qu'ils étoient sur-tout

qu'ils faisoient à l'honneur de leurs Ancêtres décédés, & que si je n'avois pas envie d'y assister, je pouvois m'asseoir en attendant où je voudrois.

Secretaire. Les Inquisiteurs furent très-contens du commencement de son discours, où il temoigna tant de courage pour la défense de sa Religion, & de sa résolution de mourir plutôt que de participer à leur culte idolâtre; mais sa conclusion le fit soupçonner, car un des Inquisiteurs l'interrompant lui fit la demande suivante.

Inquisiteur. J'espere que vous ne

soigneux de leurs sépultures, ou du culte qu'ils rendoient aux morts.

La même superstition regne encore aujourd'hui chez les Chinois, qui, comme je le ferai voir dans la suite, sont une Colonie des Egyptiens, quoique la Chine & l'Egypte soient des Pays si éloignés l'un de l'autre.

penſez pas qu'il ne ſoit point permis de perſécuter, & même de faire mourir des hérétiques obſtinés qui tâchent de renverſer la Religion de leurs peres, & d'entraîner les autres dans leur perte. Si la trahiſon contre ſon Prince peut être punie de mort, pourquoi ne puniroit-on pas de même une trahiſon contre le Roi des Cieux ? Prenez garde de ne point attaquer la ſainte Inquiſition.

Gaudence. Mes Révérends Peres, je ne fais que rapporter ce qui s'eſt paſſé, & ce qu'a dit un Payen, qui ignoroit nos ſaints Myſteres. J'ai tout le ſujet du monde de louer la juſtice de la ſainte Inquiſition ; & je crois que dans les cas dont vous venez de parler, il peut être très-permis d'employer les moyens les plus

plus féveres, pour prévenir de plus grands maux. Mais il me parut que le Pophar donnoit en cela l'exemple d'une modération admirable ; & j'ai trouvé dans la suite qu'il pensoit réellement ainsi. De pareils sentimens ne sont point, je crois, indignes d'un Chrétien ; mais en cela, comme en toute autre chose, je me soumets à vos décisions.

Secrétaire. Je fis ici remarquer aux Inquisiteurs qu'il n'y avoit rien que de juste dans ses réponses ; que nous-mêmes nous n'avions coutume d'agir avec rigueur qu'à la derniere extrémité, pour prévenir de plus grands maux : ainsi on lui dit de continuer sa lecture.

Le Pophar m'ayant rassuré de la sorte, se prosterna avec ceux de sa suite, & tous baiserent la terre :

après quoi ils mirent le feu à quelques bois odoriférans à l'aide d'un verre ardent : ils éleverent les yeux & les mains au Ciel, puis encenserent l'Idole, ou la Statue ; ils verserent ensuite du vin sur l'Autel, & mirent du pain d'un côté & des fruits de l'autre ; & ayant allumé deux petites pyramides de parfums exquis à chaque extrémité de la grande pyramide, ils s'assirent autour de la fontaine, dont les eaux sortoient, si je ne me trompe, de dessous cette grande pyramide, (*a*)

(*a*) Les anciens Egyptiens se plaisoient à bâtir des pyramides, soit que ç'ait été pour se faire un nom, à l'imitation de ceux qui bâtirent la Tour de Babel, soit qu'ils eussent quelque autre dessein, c'est ce que nous ne sçavons pas.

La grande pyramide est plus ancienne que toutes les autres ; les meilleurs Auteurs ne sçavent pas même en fixer l'époque ; les uns

& formoient un baſſin au milieu de l'amphitéâtre. Ils s'y rafraîchirent & mangerent avec appétit des fruits dont les arbres étoient couverts, m'invitant à faire de même. Je fis d'abord quelques difficultés, croyant que ce pouvoit être une partie de leur ſacrifice ; mais ſur ce qu'ils m'aſſurerent que le tout n'étoit qu'une cérémonie civile, je me mis à faire collation avec eux.

Le Pophar me dit en ſe tournant vers moi, mon fils, nous adorons comme vous, un ſeul Dieu tout-puiſſant ; ce que nous venons de faire ne doit pas vous perſuader que

diſent qu'elle fut bâtie par Mœris premier Roi d'Egypte, d'autres par Cecrops Lector. Mais ſi ce que le Pophar dit de leur origine eſt vrai, il faut que cette pyramide ait été bâtie avant qu'il y eût des Rois en Egypte. On avoit fait paſſer les eaux du Nil ſous la grande pyramide.

nous croyons qu'il y a une Divinité dans cette Statue, ni que nous l'ayons adorée comme ſi c'étoit un Dieu ; nous la reſpectons ſeulement en mémoire de notre grand Ancêtre qui a conduit nos Ayeux dans ce lieu, & qui a été enterré ſous cette pyramide. (*a*) Ceux de nos Ancêtres, qui ſont morts avant que cette vallée ait été abandonnée ; ſont enterrés tout autour de nous ; c'eſt par cette raiſon que avons baiſé la terre, perſuadés qu'il n'eſt pas permis de troubler le repos des morts. Nous avons fait de même en Egypte parce que nous ſommes originaires de cette terre : nos Ancêtres habitoient la partie qu'on a

(*a*) Il eſt certain que pluſieurs des pyramides ont été bâties pour ſervir de ſépulture à des Hommes illuſtres.

nommée depuis Thébes. (*a*) Le tems ne me permet pas de vous dire à présent comment nous avons été chassés de notre pays natal, & comment nous sommes venus en ce lieu, que nous avons quitté pour un autre pays que vous verrez bientôt : ce sont des choses que je vous détaillerai dans la suite. Le pain, les fruits & le vin, que nous avons placés sur l'Autel, (*b*) sont les

(a) *Qu'on a nommée depuis Thébes.* Thébes, jadis la plus célebre Ville de l'Egypte, ayant cent portes, &c. étoit le No-Amon, ou le Diospolis des anciens, *Bochart Phaleg. lib.* 4. Tacite dit que du tems de Germanicus, on voyoit encore une inscription en langue Egyptienne, qui portoit, *Habitasse quondam* (Thebis) *septingenta millia hominum ætate militari.* Qu'il y a eu dans Thébes sept cens mille habitans propres à porter les armes. *Tacit. L.* 2. *Annal.*

(*b*) Pour le coup on ne peut douter ici

grands ſupôts de la vie ; nous les y laiſſons pour marquer, que le vénérable Vieillard dont vous voyez la ſtatue, a été, après Dieu, l'Auteur & le Pere de notre Nation.

En finiſſant ces mots, il dit qu'il étoit tems de s'en aller : tous ſe leverent ; & après qu'ils eurent baiſé la terre encore une fois, les cinq plus âgés de la compagnie en mirent dans des vaſes d'or avec beaucoup de ſoin & de reſpect. Après avoir pris encore quelques rafraîchiſſemens, nous fîmes proviſion de

de l'idolâtrie. Le Pophar a beau dire que ce n'eſt qu'une cérémonie civile. C'eſt ainſi que les Chinois prétendent que le culte qu'ils rendent à leurs morts, & que certains Miſſionnaires leur avoient permis, n'étoit qu'une pieuſe cérémonie civile, quoiqu'il fût aſſez ſemblable au culte dont il s'agit ici, & même plus ſuperſtitieux : auſſi Clément XI. l'a-t'il condamné.

fruits & d'eau, & retournant par le même chemin, nous montâmes ſur nos dromadaires & pourſuivîmes notre voyage.

Nous avions paſſé le Tropique du Cancer, à ce que je jugeois par nos ombres, (*a*) qui s'étendoient vers le Sud : nous continuâmes notre route en tournant encore un peu vers le Couchant, en ligne preſque

(a) *Nous avions paſſé le Tropique du Cancer, à ce que je jugeois par nos ombres, &c.* Lorſqu'on a paſſé le Tropique, à midi, les ombres ſont tournées vers le Sud, parce que le Soleil eſt pour lors au Nord de ceux qui ſont au-de-là du Tropique.

Miranturque umbras tranſire ſiniſtras.

Ils auroient pû avoir paſſé le Tropique plutôt, puiſqu'il coupe une partie du déſert de Barca, un peu au Sud de l'Egypte ; mais il paroît que nos Voyageurs allerent quelque tems vers le Couchant.

parallele avec le Tropique. L'air devenoit plus frais qu'il n'avoit été, de ſorte que ſur le minuit il faiſoit beaucoup de froid. Nous donnâmes à boire à nos dromadaires au lever du Soleil, & prîmes quelques rafraîchiſſemens nous-mêmes, après quoi nous nous remîmes en chemin, allant d'une vîteſſe extrême. Il ne faiſoit plus de vent entre neuf & dix heures, mais nous ne laiſſâmes pas de continuer, parce que la plus grande chaleur étoit entre trois & quatre heures. Les ſables étoient d'autant plus ardens, que nous étions en parallele avec le Tropique, & que nous allions en deſcendant; au lieu que quand nous avions été vers le Midi du côté de la ligne, le terrain devenoit de plus en plus élevé, (*a*) ; les chaleurs auroient été insupportables dans les sables plats où nous étions, si nous n'avions pas été proche la chaîne des montagnes d'Afrique, qui tempéroient les ardeurs de l'air.

Il ne suffisoit pas dans les endroits où nous nous reposâmes de dresser

(*a*) Ces observations sont justes, puisque tous les Philosophes modernes conviennent que la terre est sphéroïde & arrondie vers l'Equateur. Quiconque voyage du Nord ou du Sud vers l'Equateur, doit donc nécessairement aller en montant ; & cela me paroît une raison toute naturelle, de ce que ces déserts immenses ne sont pas si excessivement chauds qu'on seroit tenté de le croire. Les plus hautes montagnes sont beaucoup plus près du Soleil que le plat pays : elles sont cependant excessivement froides, même dans les pays les plus chauds. Dans les vallées les rayons du Soleil sont concentrés, & doublés, & triplés par la réfraction & la réflexion, le même air, étant agité violemment sera chaud, au lieu que si son mouvement est direct, il sera froid.

nos tentes pour nous mettre à l'ombre avec nos dromadaires, le ſable.étoit ſi chaud qu'il falloit encore mettre quelque choſe ſous nos pieds pour les empêcher d'être brûlés. Nous voyageâmes de la ſorte pendant quatre jours dans ces affreux déſerts, ſans y voir le moindre animal vivant. Le ſable & le Ciel étoient tout ce qui s'offroit à la vûe ; & jamais je n'ai ſouffert une fatigue auſſi rude.

Le quatriéme jour ſur les huit heures du matin, ſoit par haſard, ſoit par la prudence & la prévoyance du Pophar, qui ſçavoit tous les endroits où il falloit s'arrêter, nous découvrîmes une autre vallée à main droite, avec quelques arbres épars, mais qui n'avoient point la fraîcheur & la verdure des derniers que nous avions quittés. Nous y allâmes au plus vîte, ayant beaucoup de peine à ſoutenir les chaleurs. Nous mîmes auſſitôt pied à terre, & menâmes nos dromadaires par une deſcente aiſée, pour chercher un endroit où nous mettre à couvert des rayons du Soleil. Les premiers arbres étoient vieux & en petit nombre, & ſembloient ne pouvoir tirer de la terre que l'humidité qu'il falloit pour les empêcher de mourir. La terre étoit couverte d'un peu de mouſſe que le Soleil avoit déſéchée, & tout eſpoir de découvrir de l'eau dans ce lieu, nous étoit ôté ; heureuſement que notre proviſion n'étoit pas encore épuiſée. A meſure que nous avancions les arbres nous paroiſſoient en plus grand nombre & plus gros. Nous trouvions auſſi quelques dattes, mais qui n'étoient pas aussi bonnes que celles de l'autre vallée. Nous nous reposâmes un peu, & continuâmes ensuite à descendre jusqu'à ce que nous fussions parvenus à un endroit plus commode & plus frais.

Le Pophar nous dit qu'il falloit rester là deux ou trois jours, & peut-être davantage, s'il ne voyoit pas les signes accoutumés pour pouvoir continuer son voyage, & qu'ainsi il falloit ménager notre eau de crainte d'accident. Nous eûmes soin de faire rafraîchir nos dromadaires ; mais pour nous, nous étions si fatigués, que nous préférâmes le repos à la nourriture. Le Pophar nous fit prendre un peu d'un vin cordial dont ils s'étoient munis, & nous dit de dormir tant que nous voudrions, mais d'avoir soin surtout de nous bien couvrir, les nuits étant longues & fraîches ſur le minuit : nous nous endormîmes tous en peu de tems, & ne nous réveillâmes qu'à quatre heures du lendemain matin. Le Pophar fut debout le premier, tant il étoit inquiet pour nous & pour lui-même, à cauſe que nous étions dans le tems le plus critique de tout le voyage. Dès que nous eûmes pris quelques rafraîchiſſemens, il nous dit qu'il falloit remonter ſur les ſables pour obſerver les ſignes. Nous y menâmes nos dromadaires craignant pour eux les bêtes ſauvages ; cependant nous n'en vîmes aucune, & nous allâmes au petit pas gagner un terrein fort élevé. Tant que la vûe pouvoit s'étendre, on n'appercevoit autre choſe que des plaines arides ſans la moindre verdure, pas même l'ombre d'herbe, à l'exception de la vallée où nous avions passé la nuit, & qui s'étendoit fort au loin.

Le Pophar nous assura que les instructions que ses Ancêtres lui avoient laissées pour le guider dans ce voyage, parloient d'une source d'eau dans cette vallée, qui formoit une petite riviere, mais que quelque tremblement de terre, ou bien quelque inondation de sable l'avoit tarie, & qu'elle devoit couler actuellement sous terre, à moins qu'elle ne fût tout-à-fait engloutie (*a*). Il

(*a*) Les Géographes conviennent tous que des rivieres, & même quelquefois de grands Lacs sont engloutis & perdus sous terre, sans qu'on puisse découvrir où ils aboutissent. La grande profondeur des couches de sable dans ces déserts, semble plus propre à les engloutir, que dans aucune autre partie du monde.

nous dit auſſi, que ſelon les écrits les plus anciens qu'il tenoit de ſes Ancêtres, ces ſables n'étoient autrefois ni ſi étendus, ni ſi dangereux à paſſer qu'ils le ſont aujourd'hui (*a*), mais qu'il y avoit pluſieurs vallées fertiles aſſez près les unes des autres. Il ajouta qu'il eſpéroit voir les ſignes qu'il cherchoit, & ſans leſquels il n'y avoit pas moyen d'aller plus loin; que ſelon ſon Ephémeride & ſes Mémoi-

(*a*) La raiſon de ce qu'il dit paroît toute naturelle : car il n'eſt pas douteux que ces ſables immenſes n'ayent été cauſés par le déluge univerſel. Une grande partie de ces endroits doit avoir été couverte pendant pluſieurs années après le déluge, d'un limon plus ou moins épais, & par conſéquent le terrein doit avoir été plus ou moins humide, & propre à être cultivé. Mais la grande ardeur du Soleil deſéchant ces déſerts de jour en jour, les rend plus ſtériles, & probablement ils le deviendront encore davantage dans les endroits où le pays n'eſt pas cultivé.

res, ils devoient paroître vers ce tems, à moins qu'il n'arrivât quelque chose de fort extraordinaire. C'étoit le neuviéme jour de notre voyage dans ces déserts, & il étoit alors environ huit heures du matin. Le Pophar regardoit à tout moment vers le Sud, ou le Sud-Ouest, & paroissoit extrêmement inquiet de ce qu'il ne voyoit rien. Il s'écria enfin avec une grande joye, ils viennent! Regardez-là, vers le Sud-Ouest, & étendez votre vûe aussi loin que vous pourrez, pour voir si vous n'appercevez pas quelque chose. Nous lui dîmes que nous n'y voyions autre chose que des tourbillons de sable que le vent chassoit de côté & d'autre. Justement, dit-il, c'est le signe qu'il nous faut; mais regardez bien de quel côté le vent les chasse. Nous répondîmes

répondîmes que c'étoit vers l'Eſt, autant que nous en pouvions juger. Cela eſt encore vrai, répliqua-t'il; puis ſe tournant vers l'Oueſt, avec un peu de variation vers le Sud, tous ces vaſtes déſerts, continua-t'il, ſont actuellement dans une confuſion ſi affreuſe, que les hommes & les beſtiaux y ſeroient enſevelis d'abord ſous ces montagnes de ſable. A peine eut-il achevé de parler, que nous vîmes dans l'éloignement dix mille petits jets de ſable, qui s'élevoient & tomboient vers l'Eſt avec une rapidité & une confuſion épouvantable (*a*), & des nuées épaiſſes

(*a*) Quoique les vents ſont généralement à l'Eſt dans le vaſte Océan entre le Tropique, à l'exception des endroits où il ſe rencontre des promontoires, cependant un vent d'Oueſt continuel ſouffle ſur la Guinée.

Les Relations que nous avons de ces Pays, certifient que dans les ſolſtices il tombe des

de ſable & de pouſſiere qui les ſuivoient. Allons, dit-il, deſcendons dans la vallée, car il faut que nous y reſtions juſqu'à ce que nous voyons comment les choſes tourneront.

Comme cet événement me paroiſſoit plus nouveau que tout ce que j'avois encore vû, & que j'avois une grande idée de la ſcience du Pophar, je pris la liberté de lui de-

des pluyes prodigieuſes entre les Tropiques, mais plus au-delà de la ligne qu'en-deçà, dans la ſaiſon de l'année où Gaudence fit ce voyage. Il n'eſt pas douteux que dans ces violens changemens de tems, & ſurtout ceux qui précédent les pluyes, il n'y ait de furieux ouragans de vent & de ſable, capables d'enſevelir des Armées & des Contrées entieres.

Ce qu'il y a de plus ſurprenant dans cette narration, c'eſt qu'ils ayent pû voyager du tout ſous le Tropique dans le ſolſtice d'Eté: il eſt vrai, comme il dit, que le terrein étant très-élevé & découvert, il doit y avoir de l'air.

mander quelle étoit la cauſe de ce Phénomene ſubit : il me dit que quand la Lune étoit en ſon plein il tomboit toujours des pluyes prodigieuſes (*a*), qui venoient de la partie Occidentale de l'Afrique, en deçà de l'Equateur ; que dans le commencement elles alloient pendant quelque tems vers le Sud-Oueſt, après quoi elles tournoient plus au Sud, & traverſoient la Ligne juſqu'à ce qu'elles parvinſſent à la hauteur de la ſource du Nil, où elles tomboient pendant trois ſemaines ou un mois de ſuite, ce qui étoit cauſe des inondations de ce fleuve (*b*).

(*a*) Les Naturaliſtes conviennent qu'il tombe beaucoup de pluye dans cette ſaiſon au-delà de la Ligne: il ſe peut qu'elles commencent en deça, & que les vents d'Oueſt continuels les chaſſent vers la Guinée, d'où des cauſes naturelles les détournent vers la Ligne, & le Tropique du Capricorne.

(*b*) On reconnoît aujourd'hui que les

Mais qu'en-deçà de l'Equateur il ne pleuvoit qu'environ quinze jours, & que ces pluyes étoient précédées de tourbillons & de nuées de ſable, qui rendoient ces déſerts impraticables juſqu'à ce que la pluye les fît ceſſer.

cauſes des débordemens du Nil, inconnues à la plûpart des Anciens, ſont la grande quantité de pluye qui tombe au tour de la Ligne & du Tropique du Capricorne, dans les mois de Juin & de Juillet, & la neige qui ſe fond ſur les montagnes de la Lune, ſituées dans cette partie. Ceux qui ont entendu parler des Andes ou Cordillerias, proche le Pérou, ne ſeront point ſurpris qu'il y ait de la neige dans ces climats chauds. L'Italie eſt un pays très-chaud, cependant les trois quarts de l'année les Alpes & les Appennins ſont couverts de neige.

C'eſt au mois d'Août que les eaux du Nil débordent ; cette eſpace de tems paroît être à-peu-près celui qu'elles doivent mettre à deſcendre juſques dans la Baſſe-Egypte, qui eſt ſi éloignée des lieux où les pluyes tombent. Dans la Cochinchine & ailleurs il y a des Rivieres qui débordent comme le Nil.

En diſcourant ainſi nous arrivâmes à l'endroit que nous avions choiſi pour nous repoſer ; & quoique nous n'euſſions beſoin ni de ſommeil ni de rafraîchiſſement, nous ne laiſſâmes pas de profiter du tems, pour goûter la fraîcheur de la ſoirée, & nous recréer après tant de fatigue, n'y ayant pas d'apparence que nous puiſſions nous remettre en route avant le ſoir du lendemain au plutôt.

A cinq. heures du ſoir le Pophar nous dit de retourner avec lui à l'endroit le plus élevé du déſert, qu'il lui manquoit encore un ſigne, qu'il eſpéroit voir le même ſoir, ſans quoi nous riſquerions de manquer d'eau, notre proviſion étant preſque épuiſée, & n'ayant point d'eſpérance de trouver de ſources dans les déſerts que nous avions encore à traverſer, ſi ce n'étoit à deux journées près de la fin de notre voyage. Mais comme il étoit preſque ſûr de voir le ſigne qu'il demandoit, il ne me paroiſſoit pas à beaucoup près auſſi inquiet, qu'il l'avoit été la premiere fois ; car quoiqu'il fût notre Gouverneur ou notre Capitaine, & qu'on eût pour lui les égards les plus reſpectueux, cependant il nous traitoit en tout comme ſes enfans, & nous témoignoit toute la tendreſſe d'un pere. S'il marquoit de la préférence pour quelqu'un, c'étoit pour moi ; il me témoignoit continuellement la plus grande tendreſſe, dont mes compagnons furent charmés, loin d'en être jaloux. Jamais freres n'ont vêcu avec plus d'union que nous. Les plus âgés prenoient plaisir à voir nos jeux & nos divertissemens, ils étoient d'un caractere un peu plus sérieux que les Italiens; mais leur gravité étoit acompagnée d'une tranquillité admirable & de la meilleure humeur du monde. Jamais je n'ai vû peuple qui ait un air aussi libre; ils sembloient ne reconnoître d'autre sujettion que celle qu'impose le respect dû à leurs parens.

Nous vîmes de la hauteur où nous étions montés, les tourbillons de sable qui voltigeoient encore; mais ce qu'il y a de surprenant, c'est que ce tumulte aërien ne se fit point sentir du côté où nous étions; tout l'orage alloit en ligne presque parallele avec l'Equateur : l'air paroissoit comme un brouillard noir & épais vers l'Est & le Sud-Est, car tous les tourbillons étoient portés de ce côté-là : au bout de quelque tems le Ciel s'éclaircit vers l'Oueſt, comme ſi un vent fort & reglé eût chaſſé les nuages. Enfin nous apperçûmes à l'extrémité de l'horiſon, le bord d'une nuée prodigieuſe, extrêmement noire, qui s'étendoit vers le Sud-Oueſt & l'Oueſt, & qui s'élevoit lentement. Nous vîmes bien qu'elle nous pronoſtiquoit une pluye abondante.

A cette vûe tous ſe proſternerent, puis levant les mains & les yeux vers le Soleil, ils ſembloient adorer ce grand luminaire. Le Pophar prononça à haute voix quelques paroles que je n'entendis point; mais je compris qu'il remercioit cet Aſtre de ce qu'il avoit vû. Je me retirai & me tins éloigné, non par crainte pour ma vie, comme auparavant, mais pour ne point participer à leur culte idolâtre. Car je ne pouvois plus ignorer qu'ils n'eussent une fausse idée de Dieu, & que s'ils en reconnoissoient un, c'étoit le Soleil : ce qui est à la vérité l'Idolâtrie la moins irraisonnable que l'homme puisse commettre ; (*a*)

(a) *L'Idolâtrie la moins irraisonnable, &c.* Toute Idolâtrie est irraisonnable, en ce qu'on adore une créature au lieu d'adorer le vrai Dieu ; mais il est certain, & l'Histoire ancienne le prouve, que les Orientaux adoroient le Soleil ; c'est peut-être le premier culte idolâtre qui se soit introduit dans le monde. Les bienfaits que la nature entiere reçoit de son influance, la splendeur extraordinaire de ses rayons, la variété, & en même tems le cours régulier de son mouvement, tout cela pouvoit induire des gens ignorans à le croire d'une nature supérieure aux autres créatures, quoiqu'il soit évidemment certain que ses perfections sont limitées, & par conséquent qu'il n'est point un Dieu. Il est vrai que

mais cependant qui en eſt une toujours très-criminelle.

Lorſqu'ils eurent fini leurs prières, le Pophar me dit en ſe tournant vers moi, je vois bien que vous ne voulez pas vous joindre à nous dans nos cérémonies Religieu-

les Egyptiens, de qui ces peuples ſont venus, adoroient de tout tems le Soleil. Il y avoit un Prêtre du Soleil du tems du Patriarche Joſeph : & comme les Egyptiens étoient les premiers Aſtronômes du monde, du moins n'y a-t'il que les Chaldéens qui puiſſent leur diſputer l'invention de cette ſcience ; il eſt probable qu'ils ayent pû regarder ce grand luminaire comme l'objet principal de leur culte : ce ne fut que long-tems après qu'ils commencerent à adorer des Idoles & des animaux. V. *Bochart Phaleg. in Miſraim.* Tant les Chaldéens que les Egyptiens avoient appris leurs connoiſſances des deſcendans de Sem, ou de ſon pere Noë, qui paroît avoir été très-verſé dans beaucoup de ſciences, n'y en eut-il d'autre preuve que la ſtructure admirable de ſon Arche.

ſes, mais je puis vous aſſurer que c' ſt à cette nue que nous devons tous la vie : & comme ce grand Soleil, continua-t'il, en montrant cette Planéte, eſt la cauſe qui l'éleve, comme il eſt le conſervateur de tous les êtres, nous croyons devoir lui rendre des actions de graces. Il s'arrêta en cet endroit, comme pour attendre ma réponſe.

Je ne voulois pas entrer dans une diſpute ſur la Religion, ſçachant que rien n'eſt plus inutile, ni moins convainquant que ces ſortes de diſcuſſions, dont tout le fruit eſt communément d'engendrer des querelles & des animoſités ; cependant je me crus obligé en cette occaſion de de faire profeſſion de ma croyance, & de défendre l'honneur de mon

Dieu contre un culte idolâtre. Je lui répondis donc avec beaucoup de respect, que cette belle Planéte étoit bien une des causes physiques de la conservation de nos êtres, & de la production de toutes choses; mais qu'elle avoit été elle-même créée par un Dieu tout-puissant, la cause premiere, & l'Auteur de tout ce qui est aux cieux & dans la terre : le Soleil ne faisant que se mouvoir par ses ordres, comme un être inanimé, incapable d'entendre nos priéres, & ne pouvant agir que par sa direction ; cependant, que je voulois bien me joindre à lui pour rendre de sincéres actions de grace au Dieu tout-puissaut, de ce qu'il avoit créé le Soleil dont la chaleur efficace avoit fait élever cette nue pour sauver nos jours. C'est ainsi que ſans bleſſer ma Religion, je tâchai d'ajuſter ma réponſe avec ſon diſcours. Je n'avois pas bien démêlé encore ce qu'étoient ces inconnus, car je vis qu'ils étoient plus myſtérieux dans ce qui regardoit leur religion que dans toute autre choſe (*a*), ou plutôt c'eſt en cela ſeul qu'ils ſembloient ſe cacher de moi.

Le Pophar réfléchit quelque tems

(a) *Myſtérieux dans ce qui regardoit leur Religion, &c.* Cela s'accorde parfaitement avec ce que les Auteurs les plus anciens ont dit touchant les premiers habitans de l'Egypte, témoin leurs emblêmes, leurs hiéroglyphes, &c. La plûpart des anciennes Fables, ſous leſquelles tant de myſtères ſont voilés, ne vinrent pas originairement des Grecs, qui ne firent que les embellir, mais bien des Egyptiens & des Chaldéens, qui étoient d'abord en commerce de ſciences, avant que ces deux Nations devinſſent rivales. Les choſes ſurprenantes que les Mages Egyptiens firent à l'imitation des miracles de Moyſe ſont des preuves de leur grande habileté.

ſur ce que je venois de lui dire, & me dit : vous ne vous trompez pas de beaucoup, vous & moi nous diſcuterons cette affaire une autre fois : il changea enſuite de diſcours par rapport aux jeunes gens qui nous entouroient, parce qu'il ne vouloit pas piquer leur curioſité ſur les matieres de Religion.

Le Soleil étoit couché lorſque nous arrivâmes au petit bois que nous avions choiſi pour le lieu de notre repos ; nous vîmes quelques grains de ſable ſemés çà & là, comme de la grêle qu'un vent impétueux, joint à quelques tourbillons, avoit chaſſés de notre côté, ce qui nous fit appréhender une pluye de ſable; mais il nous dit de ne rien craindre, parce qu'il voyoit par ſes papiers que les ouragans n'étoient jamais violens dans l'éloignement où nous étions, leur nature étant d'aller plus en paralelle avec l'Equateur, mais qu'il étoit sûr que nous aurions un peu de pluye, & qu'ainsi il falloit bien affermir nos tentes, & mettre tous nos vaisseaux à l'air pour faire provision d'eau.

Après avoir soupé nous allâmes nous promener dans la vallée en discourant sur la nature de ces Phénoménes. Nous ne nous mîmes pas en peine de dormir sitôt, nous étant si bien reposés le même jour, & devant y rester la nuit suivante, & le lendemain encore. La vallée devenoit plus agréable à mesure que nous avancions, nous trouvâmes des dates & d'autres fruits, mais ils n'étoient pas aussi bons que ceux de la premiere vallée. Je demandai au

Pophar quelle étoit l'étendue de cette vallée, & si elle étoit habitée; il me répondit qu'elle pouvoit s'étendre de plusieurs côtés entre les montagnes, où il y avoit eu autrefois une riviere qui étoit perdue aujourd'hui dans les sables, mais qu'il ne croyoit pas que personne avant eux eût osé se hazarder si avant dans ces horribles déserts, & que suivant ses Mémoires leurs ancêtres étoient les premiers qui s'y étoient frayés un chemin.

Pour voir s'il avoit quelque connoissance certaine de la longitude, objet de tant de travaux & de recherches chez les Européens, je lui demandai comment il pouvoit être sûr que ce fût-là l'endroit dont ses Mémoires parloient, & par quelle régle il pouvoit juger du chemin qu'il avoit fait ; ou sçavoir quand il falloit se détourner à droite ou à gauche ? Après quelques momens de réflexion il me répondit, sans paroître embarrassé, qu'ils sçavoient par l'aiguille combien ils s'éloignoient du pôle boréal ou du pôle septentrional, du moins jusqu'à ce qu'on fût arrivé au Tropique (*a*) ; qu'outre cela on pouvoit prendre le méridien

(a) *Jusqu'à ce qu'on fût arrivé au Tropique, &c.* La Philosophie expérimentale nous enseigne que l'aiguille aimantée est de peu d'usage dans la navigation, quand on est sous la ligne; elle y reste suspendue, sans se tourner vers aucun point fixe. Cela vient, selon quelques-uns, de ce que le cours des exhalaisons magnetiques, voltigeant d'un pôle à l'autre, se trouve avoir sous la ligne son axe le plus long, comme le diamétre de l'Equateur est plus long que l'axe du monde, sçavoir s'il en est de même de l'aiguille sur terre comme sur mer? C'est de quoi il s'agit ici. La chose est assez probable, mais pour pouvoir l'assurer il faut des expériences plus certaines.

& la hauteur du ſoleil, & que ſa-chant la ſaiſon de l'année, on pouvoit voir par-là combien on s'approchoit, ou l'on s'éloignoit de l'Equateur.

Cela eſt vrai, dis-je, mais comme à chaque pas que vous faites le méridien change, comment pouvez-vous ſçavoir combien vous faites de chemin vers le levant ou vers le couchant, lorſque de l'un ou de l'autre côté vous allez en lignes paralleles (*a*) avec le tropique ou l'E-

(a) *En lignes paralleles avec le Tropique ou l'Equateur.* Par tout où nous nous trouvons, nous ſommes ſur le ſommet du globe, eu égard à nous-mêmes. Celui qui veut donc aller droit vers le Couchant, ou vers le Levant, en ligne parallele avec l'Equateur, n'ira pas directement comme il le penſe; il faut à la longue qu'il traverſe la ligne, parce qu'il décrit un plus grand cercle. Ainſi ces gens lorſqu'ils croyoient aller directement vers l'Oueſt, s'approchoient de la ligne plus

quateur. Il rêva encore quelque tems, & ſoit qu'il ne pût me donner une réponſe ſatisfaiſante, ſoit qu'il ne voulût pas me dire ſon ſecret (le premier eſt le plus probable) votre curioſité, dit il me fait plaiſir; je vois que vous êtes au fait de la difficulté, nous n'avons continua-t'il, d'autre façon que de remarquer exactement combien de chemin nos dromadaires font par heure, ou par jour; nous allons toujours, comme vous avez vû, à-peu-près le même pas; nous ſçavons tous les endroits où nous devons nous arrêter pour nous rafraîchir, & le tems que nous y mettons (*a*). En partant d'Egy-

qu'ils ne penſoient; & ſuppoſant que la forme de la terre ſoit ſphéroïde, il s'enſuit qu'ils ont toujours voyagé en montant, ou peu s'en faut.

(*a*) Cela doit s'entendre ſelon la remarque précédente.

pte nous avons voyagé directement vers le Couchant, nos dromadaires font tant de chemin par heure, ainsi nous sçavons combien de chemin nous faisons vers le couchant (*a*). Si nous déclinons vers le Nord ou le Sud, nous sçavons aussi combien de milles nous avons fait en tant d'heures, & par-là il nous est aisé de calculer de combien nous nous éloi-

(*a*) Il semble d'abord qu'il soit plus aisé de trouver la longitude par terre que par mer, parce qu'on peut sçavoir avec plus de certitude combien on a fait de chemin. Dans la mer il y a des courans, des flux & des ebbes, qui, sans qu'on s'en apperçoive, font aller un vaisseau plus ou moins obliquement. Jusqu'ici on n'a pû trouver aucune régle certaine, pour sçavoir au juste combien on fait de chemin vers le point du Levant ou du Couchant. L'élévation du pôle, ou la hauteur du Soleil, font voir combien on décline vers le Nord ou le Sud, mais il n'y a pas de régle certaine pour l'Est ou l'Ouest.

gnons du couchant. Il eſt vrai que nous ne pouvons pas le faire avec une exactitude démonſtrative, mais auſſi nous ne nous trompons que de très-peu de choſe.

C'eſt tout ce que je pus apprendre de lui pour lors, mais ce n'en étoit pas aſſez pour réſoudre la difficulté. Je lui demandai enſuite ce qui les avoit engagés à tenter ce chemin, & à chercher une demeure inconnue à tout le reſte du monde; il me dit que c'étoit pour conſerver leur liberté & leurs loix. Voyant qu'il me répondoit en des termes ſi généraux, je craignis de lui en demander davantage.

La nuit devenoit ſombre & noire, quoique la lune fût dans ſon plein (*a*);

(*a*) La pleine Lune dans le ſolſtice d'Eté, amene ordinairement la pluye, & on ſçait il s'éleva un vent furieux, le tonnerre commença à gronder, les éclairs brilloient de toutes parts, bientôt tout le ciel nous parut embrasé, nous retournâmes au plus vîte à nos tentes, & quoique nous ne fussions couverts que des bords d'un nuage épais, il tomba tant de pluye que nous eûmes bientôt rempli tous nos vaisseaux. Le tonnerre se faisoit alors à peine entendre, & ce qui nous consoloit, c'est qu'il s'éloignoit de nous vers l'Est; les plus âgés de notre compagnie paroissoient peu s'inquiéter de ces signes affreux, parce qu'ils y étoient accoutumés, mais pour moi, j'avoue que je ne fus pas sans crainte; j'attendois avec impatience

aujourd'hui que les débordemens du Nil sont causés par les grandes quantités de pluye qui tombent dans les pays voisins de l'Equateur.

la fin de l'orage, faiſant mille réflexions ſur la grande connoiſſance que ces hommes devoient avoir des loix de la nature.

Je repaſſois dans mon eſprit tout ce que j'avois vû & entendu, ne pouvant pas deviner encore quels étoient ces Etrangers, lorſqu'un accident imprévû me fit voir que je me connoiſſois auſſi peu moi-même, que je les connoiſſois ; la chaleur étoit ſi violente que nous nous étions mis en chemiſe, la poitrine toute découverte pour mieux nous rafraîchir, un éclair prodigieux donna contre la poitrine d'un des jeunes gens qui étoit préciſément vis-à-vis de moi, & me fit voir une médaille d'or très-brillante qu'il avoit pendue au col, ſur laquelle étoit gravée la figure du Soleil entourée de caractères inconnus ; elle ressembloit parfaitement à celle que ma mere avoit toujours portée, & que depuis sa mort j'avois gardée sur moi pour l'amour d'elle. Que signifie cette médaille, demandai-je alors avec un air extrêmement empressé, j'en ai une toute semblable.

Quoi, vous ! reprit le Pophar frappé d'étonnement, vous une de ces médailles ? Grand Dieu, seroit-il possible...... ! Mais par quel hazard ? Comment ? & de qui la tenez-vous ? Je lui dis, en la tirant de ma poche, que ma mere l'avoit toujours portée à son cou depuis son enfance ; il me l'arracha des mains à l'instant, il la regarde à la lumiere des éclairs, il la reconnoît. Grand Soleil, s'écria-t'il alors, quel est donc ce mystère ! Il me demanda encore comment je l'avois eue ; comment elle étoit tombée entre les mains de ma mere, & qui étoit ma mere ? Dès qu'il eut repris ses sens, je lui dis qu'elle étoit fille adoptive d'un noble Commerçant de Corse, qui lui avoit donné tous ses effets lorsque mon pere l'épousa ; qu'elle avoit été mariée à l'âge de treize ans, que j'en avois actuellement dix-neuf ; & que, comme j'étois son second fils, elle devoit avoir quarante ans lorsqu'elle mourut. Il faut que ce soit la fille d'Isiphena, s'écria-t'il tout transporté, ce ne peut être qu'elle ! Ensuite me serrant entre ses bras, vous êtes maintenant, me dit-il, réellement un de nous, puisque vous êtes petit-fils de ma chere sœur Isiphena ! Ce souvenir fit verser des larmes au vénérable vieillard. Hélas ! continua-t'il, votre mere fut perdue au Caire, à-peu-près dans le tems dont vous parlez, avec une ſœur jumelle, dont je crains bien de ne pouvoir jamais découvrir la deſtinée. Je rappellai alors que j'avois oui dire à ma mere, que le Gentilhomme dont elle tenoit ſa fortune, l'avoit achetée très-jeune d'une femme Turque de cette Ville; qu'étant charmé de ſes façons & de ſa beauté naiſſante, & n'ayant aucuns enfans, il l'avoit adoptée. Ah! ſans doute, c'étoit elle-même, dit le Pophar, mais ſa ſœur qu'eſt-elle devenue ? car Iſiphena mourut en couche des deux. Je lui dis que je n'en avois jamais entendu parler.

Il m'apprit que c'étoit le mari de ſa ſœur qui étoit le Conducteur des Mezzoraniens qui alloient viſiter les tombeaux de leurs Ancêtres, comme il l'étoit alors, qu'ayant été forcé de céder aux importunités de sa femme, il avoit consenti à la mener avec lui dans le dernier voyage qu'il fit, quoique les loix de leur pays défendissent absolument aux femmes de faire ce voyage; mais qu'elle s'étoit habillée en homme, & avoit passé à la faveur de ce déguisement pour un des jeunes gens qui devoient l'accompagner. Elle se trouva, me dit-il, enceinte au Caire, où elle accoucha de deux filles, & mourut en couche amérement regretée de son mari; on transporta son corps à Thebes, où reposoient ses Ancêtres, pour y être inhumé; mais lorsqu'ils quitterent le Caire, ils furent obligés de laisser les enfans à une nourrice du pays avec quelques domestiques Egyptiens, chargés du soin de la maison & des effets. La nourrice & les domestiques profiterent de leur absence, emporterent tout, & s'enfuirent; nous avons cru, continua-t'il, qu'ils avoient tué les enfans après avoir pillé la maison (car on n'a jamais pû découvrir ce qu'ils étoient devenus) mais ils ont mieux aimé les vendre, j'en juge par le sort de votre mere : à l'égard de sa sœur, le grand Auteur de notre être peut seul sçavoir si elle est encore vivante, & quel lieu de la terre elle habite. Nous sommes charmés, poursuivit-il, d'avoir trouvé en vous un rejetton précieux de notre famille; je crus aussi, la premiere fois que je vous vis, entrevoir en vous quelque chose qui n'est pas donnée aux autres hommes; mais c'est trop long-tems, dit-il, priver mes compagnons & mes enfans du bonheur de reconnoître un frere & de l'embrasser : venez, vous allez être uni encore une fois à nous par les liens les plus doux, & en même tems les plus saints & les plus sacrés. Nous nous embrassâmes tous alors avec des transports de joye inexprimables, & toutes mes craintes se dissiperent. Au lieu du pays où le hazard m'avoit fait naître, j'avois trouvé une patrie qui devoit d'autant plus me flatter, qu'elle étoit habitée par le peuple le plus poli & le plus civilisé du monde ; je m'en formois les idées les plus agréables & les plus riantes, le plaisir que je me promettois, n'étoit alteré que par la triste réflexion que je faisois, que je serois obligé de vivre avec des Payens.

Je résolus cependant de n'oublier

en aucune occaſion que j'étois Chrétien, c'eſt pourquoi lorſque le Pophar voulut attacher la médaille à mon cou, comme une marque de ma naiſſance, je fis quelque difficulté, craignant que ce ne fût un emblême de leur idolâtrie, d'autant plus que je voyois qu'ils étoient extrêmement ſuperſtitieux. Je lui demandai donc ce que ſignifioit la figure du Soleil, & les caractères inconnus qui y étoient gravés; il me dit que ces caractères ſe prononçoient *Omabim*, qui veut dire, *le Soleil eſt l'Auteur de notre être*, ou dans un ſens plus littéral, *le Soleil eſt notre pere*; *Om* ou *On*, ſignifiant le Soleil, *Ab*, pere, & *Im* ou *Mim*, nous. Cela me fit reſſouvenir qu'ils m'avoient dit en Egypte qu'ils étoient les enfans du Soleil, & me donna en même tems quelque inquiétude, j'appréhendois toujours qu'ils ne fussent Idolâtres ; ainsi je lui dis que je gardois la médaille comme une marque de ma patrie, mais que je ne pouvois reconnoître que Dieu pour l'Auteur suprême de mon être. Quant à cet Auteur suprême, me dit-il, vos opinions différent un peu des nôtres, mais laissons à un autre tems les affaires de religion, & finissons cette heureuse journée par des actions de grace à l'Etre suprême, pour la découverte que nous venons de faire ; demain matin, puisque vous êtes à cette heure réellement un de nous, je vous instruirai de votre origine, & des causes qui nous ont fait chercher un azile dans ces tristes déserts.

N. B. Le Lecteur est prié de ne point

condamner, ni rejetter ce qui ſuit, ſur l'origine & la tranſmigration de ces Peuples, qu'il n'ait parcouru les ſçavantes Remarques de M. Rhedi.

Le Pophar m'appella le lendemain matin. Mon fils, me dit-il, pour m'acquitter de la promeſſe que je vous fis hier au ſoir, je veux vous apprendre quels étoient nos Ancêtres afin de vous diſtinguer de ces hommes groſſiers qui ignorent la ſource d'où ils ont pris naiſſance, & qui s'embarraſſent peu de la connoître, pourvû qu'ils continuent de remper ſur la terre. Il faut vous rappeller la converſation que nous eûmes dans la premiere vallée où nous nous ſommes arrêtés; je crois qu'il vous ſouvient encore que je vous ai dit, que nous ſommes originaires d'Egypte, d'Egypte : quand vous m'avez demandé ce qui avoit pû nous engager à tenter le paſſage de ces affreux déſerts, je vous ai répondu que c'étoit pour conſerver notre liberté & nos Loix. Aujourd'hui que vous nous appartenez de ſi près, je veux vous inſtruire davantage touchant notre origine.

Nos Ancêtres vinrent originairement d'Egypte, pays jadis le plus heureux du monde ; mais il n'a porté le nom d'Egypte, & ſes habitans celui d'Egyptiens, que long-tems après que nous en ſommes ſortis : ſon premier nom étoit Mezzoraim (*a*) ; c'étoit auſſi celui du premier

(a) *Mezzoraim étoit auſſi le nom du premier homme, &c.* Le premier nom de l'Egypte étoit Miſraim, qui vient de Miſraim, Meſoraim, ou Metſoraim, comme le remarque le ſçavant Bochart, *Lib.* 4.

homme qui peupla ce pays, & dont nous tenons encore le nom de Mezzoraniens.

Nos premiers Ancêtres nous ont transmis une Tradition qui porte, que lorsque la terre sortit de dessous l'eau (*a*), six personnes, sçavoir

Geograph. sacra in Misraim. M. du Dupin, Histoire de l'ancien Testament, Chap VI, & d'autres. Tous les anciens Auteurs sont d'accord que ce Pays a été le plus riche & le plus heureux du monde; que l'abondance, & même les Lettres y regnoient avant le tems du Patriarche Abraham. Eusebe, *lib.* 9. *Præparat.* Evang. nous a transmis un fragment très-remarquable d'Eupolême, Auteur Payen fort ancien: ce passage a été copié sur les Monumens de Babylone. Le sens de tout le fragment est, que selon les Babyloniens, le premier a été Belus, le même que Kronos ou Saturne; de lui est descendu Ham ou Cham, pere de Chanaan, frere de Mesraim, pere des Egyptiens.

(a) *La terre sortit de dessous l'eau, &c.* C'est une idée obscure que ces gens avoient du déluge de Noë, connue à toutes les

trois hommes & trois femmes, en ſortirent auſſi en même tems: elles avoient été ou produites par le Soleil (*a*), ou envoyées par la ſuprê-

Nations; du moins à toutes celles de l'Orient, comme il paroît par les Monumens les plus anciens que nous âyons. Voyez ce qu'en dit Bochart, Liv. 1. La terre ſortit de deſſous l'eau, ou bien les eaux s'écoulerent de la ſurface de la terre. Ces gens pouvoient avoir corrompu un peu cette ancienne & indubitable tradition. Mais Miſraim ne pouvoit pas avoir ignoré le déluge, puiſque ſon pere Ham avoit été dans l'Arche; ſoit que l'ignorance ou d'autres motifs ayent fait que ſa poſtérité ait un peu changé la tradition. Toujours eſt-il évident que les Anciens avoient une idée du déluge univerſel, comme il ſeroit aiſé de le prouver par ce qui nous reſte des ouvrages des Auteurs Payens, qui rendent témoignage de la vérité de ce que l'Ecriture ſainte en dit.

(a) *Ou produites par le Soleil, &c.* Les anciens Egyptiens croyoient, que non-ſeulement les inſectes, mais les hommes mêmes, étoient formés du limon du Nil, par la chaleur du Soleil, & ils ſe nommoient *Aborigines*, en quoi pluſieurs autres

me Puissance pour l'habiter. Mezzoraim, notre premier Fondateur, en étoit un (*a*). Leur nombre augmentant considérablement, il choisit pour sa demeure le pays qu'on nom-

Nations ont été de leur avis, mais le sage Mezzoraim croit plutôt qu'ils ont été créés par un Etre suprême & tout-puissant, en cela il pense en homme très-sensé. En effet ne voyons-nous pas que le moindre insecte ne sçauroit être produit sans une cause ? Il est aussi ridicule, de s'imaginer qu'une suite infinie d'hommes & d'animaux ait pû avoir été produite sans une cause séparée, que la chose est impossible en elle même ; cette raison suffiroit seule pour démontrer que l'Athéisme est la chose du monde la plus absurde & la plus insensée.

(*a*) Herodote dit que les Egyptiens prétendoient être les premiers habitans de la terre, quoique les Ethiopiens leur disputaient ce point. Qu'on me permette de le citer en Latin, de la Traduction de Laurenza Valla, ne l'ayant pas auprès de moi en Grec. *Omnium hominum priores se extitisse arbitrabantur.* Ils croyoient, dit-il, être les premiers de tous les hommes. *Herodot.* lib. 2. *Euterpe.*

me aujourd'hui l'Egypte, & alla s'y établir avec ſoixante de ſes enfans & petits-enfans, qu'il mena tous avec lui, les gouvernant en vrai pere, & leur apprenant à vivre enſemble, comme freres d'une même famille (*a*).

Mezzoraim aimoit la paix & la tranquillité, il haïſſoit l'effuſion de ſang (*b*), dont Dieu, diſoit-il, juſte

(a) *D'une même famille.* Bochart, & d'autres Sçavans, prouvent évidemment que le Gouvernement des Egyptiens, auſſi-bien que celui de preſque toutes les Nations, a d'abord été Patriarchal. Nimrod fut le premier qui fonda dans le monde un Royaume ou un Empire; d'autres ſuivirent ſon exemple dès qu'ils le purent. Il eſt cependant vrai que le Gouvernement Patriarchal ne dura pas long-tems en Egypte, car nous liſons dans l'ancien Teſtament, qu'il y avoit déja des Rois du tems d'Abraham & d'Iſaac. Voyez *Bochart*, *Geographia ſacra*.

(b) *Il haïſſoit l'effuſion de ſang, &c.* Le célébre Evêque de Meaux nous donne

& puissant comme il est, ne manque jamais de punir le coupable au-

dans la troisiéme Partie de son Histoire Universelle une belle description de la justice & de la piété des premiers Egyptiens, qui avoient tant d'horreur du sang humain, qu'ils ne punissoient les criminels qu'après leur mort. La raison pour laquelle les anciens Egyptiens qui vivoient bien, abhorroient l'effusion de sang, c'est qu'ils n'ignoroient pas que Dieu avoit sévérement puni le premier qui osa tremper ses mains dans le sang de son frere, & qu'ils regardoient peut-être le déluge universel, comme un juste & terrible châtiment des crimes de cette sorte. Mais l'impiété de quelques Nations passa bientôt chez eux, obscurcit leurs lumieres, corrompit leur cœur, & frappa comme d'aveuglement tous les descendans de Ham, à l'exception de ce Misraim, qui, avec sa famille, peupla l'Egypte : ces premiers habitans étoient remarquables par la pureté de leurs mœurs, & par leur science. Je prouverai dans les Remarques suivantes que les Hicksoes, étoient les descendans de l'impie Chanaan ou Cush, qui boulleversa l'état paisible des premiers Egyptiens, & introduisit l'Idolâtrie chez eux, ce qui fut cause qu'une grande

teur. Il s'appliqua (*a*) principalement à l'étude du Ciel avec beaucoup de ſuccès, &, à force de méditer & de réfléchir ſur les grands ouvrages du Créateur, il créa lui-même nos Arts. *Tha-oth* (*b*) ſon

partie de ce peuple ſe refugia dans d'autres parties du monde.

(a) *Il s'appliqua*, *&c.* Le ſçavant Evêque de Meaux, & d'autres Hiſtoriens nous aſſurent, & la choſe eſt d'ailleurs connue à tous les Sçavans, que même dans les premiers tems les Arts & les Sciences avoient été portés à une très-grande perfection en Egypte. Moïſe s'étoit fait inſtruire des ſciences des Egyptiens. Triptolême, l'Inventeur de l'Agriculture, étoit Egyptien. Bacchus qui apprit aux hommes à faire du vin, étoit ou d'Egypte, ou de Lybie qui en eſt limitrophe; mais il faut qu'il l'eût appris lui-même de Noë. Pythagore, & d'autres Sçavans voyagerent pour ſe faire inſtruire par les Prêtres Egyptiens, &c. Herodote dit en avoir fait autant lui-même.

(b) *Tha-oth*, *ſon petit-fils.* Ce Tha-oth, le fameux Philoſophe des Egyptiens, vivoit avant Mercure, ou Triſmegiſte, quoique quelques-uns croyent que c'eſt le même.

petit-fils, les perfectionna, & le surpassa de beaucoup en connoissance, & surtout dans les sciences sublimes. Nos Ancêtres vécurent ainsi

Tous conviennent qu'il est extrêmement ancien ; mais on ne sçauroit dire au juste en quel tems il a vécu. Les Historiens ont estropié son nom. Bochart l'appelle Ta-antus, l. 2. c. 121. Clement d'Alexandrie, l. 6. *Strom.* dit qu'il a écrit 42. Livres d'Astrologie, de Géographie, de Médecine, de Politique, de Théologie, de Religion & de Gouvernement. Joseph Bengorion, *De divisione Gentium*, le nomme Tutis, d'autres l'appellent Theut, d'autres Teut, Taut, Thoth, &c. Mais, selon le Pophar, il s'appelloit Tha-oth. Ce qu'il y a de certain, c'est qu'il étoit le grand Maître des Egyptiens, & qu'il avoit appris sa science de Noë, qui pouvoit tenir du monde qui existoit avant le déluge, la connoissance qu'il avoit des Arts & des Sciences, ou bien des Colonnes de Seth, qui contenoient, selon Joseph, les principes de l'Astrologie, & avoient été érigées avant le déluge par les neveux de Seth. Cet Historien ajoute qu'on voyoit encore dans son tems une de ces Colonnes en Syrie. *Joseph.* lib. 2. an. c. 2.

pendant quatre cens ans ; ils étoient répandus par toute l'Egypte, & jouissoient du bonheur de la paix & des Sciences, sans connoître ce que c'étoit que de tromper, ni d'être trompés, & sans faire ni craindre qu'on leur fît aucun mal. Mais les malheureux descendans des *Hicksoes* (*a*), envieux des douceurs dont ils

(a) *Nommés Hicksoes, &c.* Joseph, l. 2. *Contra Appion*, dit que Hicksoes, Hyksoes, ou Hycloes, vieux mot des Egyptiens, signifie *Rois-Bergers*, ou Roi des animaux, nom que les naturels d'Egypte leur ont donnés par mépris. C'est une chose averée qu'il arriva une grande révolution en Egypte environ quatre cens ans après le déluge, ou peu avant le tems d'Abraham. M. Dupin compte trois cens cinquante ans entre le déluge & la naissance d'Abraham. Il est certain aussi qu'il y avoit des Rois en Egypte du tems d'Abraham : il est probable que ces Rois étoient les Hicksoes, ou Rois-Bergers, qui changerent le Gouvernement des anciens Egyptiens, & dont il y eut cinq Rois. Car lorsque le Patriarche Joseph

jouiſſoient, & de la richeſſe de leur pays, vinrent fondre ſur eux com-

fit venir en Egypte ſon pere & ſes freres, il leur dit de demander la terre de Goshen pour y demeurer, parce que, diſoit-il, les Egyptiens déteſtoient tous les Bergers. Il y a lieu de croire que ce ſont ces Rois qui introduiſirent en Egypte l'Idolâtrie, & le culte des Animaux; c'eſt pourquoi les habitans du pays les nommerent par dériſion Rois Bergers, ou Rois d'Animaux.

Le ſçavant Bochart croit que cette révolution arriva en Egypte avant le tems d'Abraham: il la regarde ſi peu comme une fiction qu'il dit en termes exprès, *Caſtucos & Captharaos*, (qu'il prouve avoir été les habitans de Colchos, quoique ce pays ſoit ſi éloigné de l'Egypte) *Ex Ægypto migraſſe certum eſt ante Abrahami tempora.* Il eſt certain, dit-il, que les *Caſtuciens* & les *Capthoriens* ſortirent de l'Egypte avant le tems d'Abraham. *Bochart*, *Phaleg.* l. 4. c. 31. Herodote, *in Euterpe*, dit, que les habitans de Colchos étoient originaires d'Egypte, quoique quelques-uns prétendent qu'ils s'en retournerent quelques ſiécles après, & s'établirent en Paleſtine, & que c'eſt à eux qu'on a donné enſuite le nom de Philiſtins.

me un torrent ; & après avoir tout détruit, ils s'emparerent de l'heureux séjour que nos Ancêtres avoient rendu si florissant. Les innocens *Mezzoraniens*, qui haïssoient l'effusion de sang, & qui ignoroient l'injustice & la violence, se laisserent tuer comme des agneaux ; ils virent violer leurs filles & leurs femmes ; & ceux que l'impitoyable ennemi épargnoit, furent faits esclaves, & condamnés à labourer la terre pour leurs nouveaux maîtres.

Secrétaire. Les Inquisiteurs l'interrompirent en cet endroit, pour lui demander s'il ne croyoit pas qu'il fût permis dans certains cas de repousser la violence par la violence, ou si, selon les Loix de la nature, les Mezzoraniens n'étoient pas en droit de résister à leurs cruels ennemis , même jusqu'à répandre leur sang ; & s'il pensoit qu'il ne fût pas bien de punir de mort des malfaiteurs publics , pour la conservation de tout un Etat. Comme ils craignent toujours qu'on ne veuille semer de nouvelles opinions , leur intention étoit de le sonder , pour voir si par hazard il n'avoit pas dessein de dogmatiser , & d'avancer des opinions erronées , soit en soutenant pour permises des choses qui ne l'étoient pas; soit en niant l'équité de choses que la Loi de la nature autorise.

Gaudence. Ils auroient sans doute, pû résister dans le cas dont il s'agit , & même répandre le sang de leurs ennemis ; & je ne doute point qu'il ne soit permis de sacrifier au repos d'un Etat ces monstres qui le troublent & qui le devorent. Je ne sais que vous raconter, mes Révérends Peres, la façon de penſer de ce peuple : quant à la punition de leurs criminels, vous verrez, lorſque je parlerai de leurs Loix & de leurs Coutumes, qu'ils ont d'autres façons de punir les crimes, auſſi efficaces que la mort même. Il eſt vrai que comme ils ſont renfermés en eux-mêmes, & qu'ils n'ont aucun commerce avec les autres Nations, ils ont ſçû conſerver dans un degré éminent leur premiere innocence.

Inquiſiteur. Pourſuivez.

Gaudence. Le Pophar continua ſon récit en ces termes. Mais ce qui étoit de plus affreux, c'eſt que ces impies *Hickſoes* les forçoient d'adorer des hommes, des bêtes, & même des inſectes, comme autant de Dieux : ils les obligerent même de venir voir ſacrifier leurs enfans à ces Dieux inhumains. (*a*) Cette affreuſe calamité ſe fit ſentir d'abord dans les Contrées de la baſſe Egypte, qui étoit alors la plus floriſſante. Ceux qui purent échapper à leur fureur, ſe réfugierent dans l'intérieure du pays, flatés de l'eſpérance de voir adoucir en peu l'excès de leur infortune : Mais hélas ! que pouvoient-ils faire ? ils ne connoiſſoient pas l'uſage des armes, & leurs Loix leur défendoient de détruire leur propre eſpece ; ils s'attendoient cependant à tout moment à être maſſacrés par leurs cruels en-

(a) *Voir ſacrifier leurs enfans, &c.* Ces Hickſoes, qui, ſelon toutes les apparences, étoient les deſcendans du malheureux Chanaan ou Cush, étoient ſi horriblement impies, qu'ils ſacrifioient des hommes & des enfans à leurs faux Dieux ; ils étoient même les premiers Auteurs de l'impiété & de l'Idolâtrie.

nemis. Le pays où ils s'étoient retirés, étoit trop petit pour les contenir, quand même ils auroient pû y vivre en paix. Dans cette détresse les chefs des familles ne furent pas d'accord sur le parti qu'il y avoit à prendre, ou plutôt ils n'en voyoient aucun. Les uns se sauverent dans les déserts voisins, qui s'étendent de chaque côté de la haute Egypte ; déserts horribles, comme vous l'avez pû voir : enfin, tous étoient dispersés comme un troupeau de timides moutons qui fuit devant des loups ravissans. La consternation étoit si grande, qu'ils résolurent de fuir jusqu'aux extrémités de la terre, plutôt que de tomber entre les mains de ces monstres inhumains. La plus grande partie fut d'avis de bâtir des vaisseaux, & de se confier à la mer.

Notre illuſtre Pere, Mezzoraim, leur avoit enſeigné l'art de conſtruire des bateaux, (*a*) dans leſquels ils traverſoient les bras de la grande Riviere (le Nil :) quelques-uns prétendent qu'il les invita lui-même, & qu'il s'étoit ſauvé par ce moyen dans le tems d'un grand déluge qui

(a) *L'art de conſtruire de bateaux, &c.* Il eſt très-probable que les Egyptiens connoiſſoient la navigation long-tems avant les Grecs, dont le plus beau vaiſſeau étoit l'Argo, que Jaſon avoit bâti pour aller chercher la Toiſon d'or à Colchos. On ne ſçauroit douter que l'Arche de Noë n'ait fourni aux hommes la premiere idée de la navigation: les Egyptiens étoient dans la néceſſité de ſe ſervir de bateaux à cauſe du débordement annuel du Nil, & pour pouvoir paſſer les différentes branches dans leſquelles ce fleuve ſe partage dans la baſſe Egypte. Les Sidoniens, que Bochart prouve avoir été les deſcendans de Chanaan, connoiſſoient la navigation, (ce qu'il prouve encore) avant la ſortie des Iſraelites d'Egypte.

inonda

inonda tout le pays. (*a*) Dans la ſuite ils perfectionnerent ſi bien cette invention, qu'ils paſſoient la petite mer (*b*) ſans aucune difficulté. Ils convinrent donc de bâtir des vaiſſeaux; mais l'embarras étoit de ſçavoir où ils iroient: les uns vouloient aller par une mer, les autres par une autre. Cependant ils ſe mirent tous à travailler, de ſorte que dans l'eſpace d'un an ils eurent fabriqué un grand nombre de barques,

(*a*) Il eſt probable que c'eſt du déluge de Noë dont il eſt queſtion. Je ſuis ſurpris que M. Rhedi ait paſſé cette endroit ſans Remarque.

(*b*) *La petite mer.* L'Egypte eſt bornée d'un côté par la mer Méditerranée, & de l'autre par la mer Rouge, qui la ſépare de l'Arabie. C'eſt cette derniere qu'il appelle la petite mer, parce qu'en effet elle eſt beaucoup plus étroite que la Méditerranée

qu'ils essayerent en faisant de petits voyages le long des côtes, redressant chaque fois tout ce qui leur paroissoit défectueux, & y ajoutant ce qu'ils croyoient pouvoir contribuer à leur plus grande sûreté. Ils se flatterent alors, ou du moins le desir qu'ils avoient de fuir leurs ennemis leur fit imaginer qu'ils pouvoient passer l'Océan même sans danger. Comme nos Ancêtres s'étoient adonnés principalement à l'étude des Arts & des Sciences, & à la connoissance de la nature, il n'y avoit pas de peuple au monde si propre qu'eux pour de pareilles entreprises, la connoissance du danger qui les menaçoit réveilla leur industrie, & leur fit trouver des expédiens qu'une cruelle & pressante nécessité peut seule faire imaginer.

La plûpart de ces infortunés étoient des hommes qui avoient fui en foule de la basse Egypte. Les habitans de la haute Egypte, quoiqu'ils fussent extrêmement consternés, & qu'ils construisissent à la hâte des vaisseaux, n'étoient cependant pas agités de craintes aussi vives que les autres, voyant que les Hicksoes se tenoient encore tranquilles dans leurs nouvelles possessions. Mais sur la nouvelle qu'ils apprirent que les Hicksoes commençoient à se remuer encore, & qu'il en arrivoit de nouvelles légions qui alloient se répandre partout le pays, ils résolurent de ne plus différer leur départ, & de s'abandonner, eux, leurs femmes & leurs enfans, avec tous leurs effets les plus précieux à la merci des flots, plutôt que de s'exposer à la cruauté de ces farouches usurpateurs. Ceux qui étoient venus de la basse Egypte résolurent de traverser la grande mer (*a*), & porte-

(a) *La grande mer*. La mer à laquelle il donne l'épithéte de grande, pour la distinguer de la petite, ne peut être autre que la Méditerranée. Il faut que ceux qui s'en allerent par cette mer, soient les mêmes qui allerent à Colchos : il leur étoit impossible de pouvoir fuir par l'Isthme, parce que c'étoit de ce côté-là que les Hicksoes venoient. Mais on ne doit pas croire qu'ils ayent fait tout le chemin d'Egypte à Colchos par mer, en passant par le détroit de l'Hellespont : il faut qu'ils ayent traversé une des extrémités de la Méditerranée, & qu'ensuite ils ayent voyagé par terre, jusqu'à ce qu'ils soient arrivés aux bords du Pont Euxin. C'est une chose presque incroyable que des gens ayent été chercher si loin un endroit où demeurer. Mais Bochart dit qu'il est certain que les habitans de Colchos vinrent d'Egypte : il faut donc qu'ils en ayent été chassés par des ennemis bien redoutables. Si l'on me demande pourquoi cette premiere révolution d'Egypte dont Bochart parle, & si elle n'aurent avec un travail incroyable tous leurs matériaux & leurs effets, tantôt par terre, tantôt par eau, jusqu'à

roit point été causée par la grande Semiramis, femme de Ninus, fils de Nimrod? Je réponds en premier lieu, que Joseph nomme ceux qui les premiers envahirent l'Egypte, *Rois-Bergers*, ce qui ne peut jamais s'accorder avec cette grande Héroïne Semiramis. 2°. Parce qu'il n'est pas croyable, quoi qu'en disent tous les Historiens, que Ninus, qui étoit mari de Semiramis, puisse être aussi ancien qu'on le fait, c'est-à-dire, fils de Nimrod; il faut que ce soit quelqu'autre Ninus qui ait vêcu long-tems après lui. Car quoique Semiramis ait subjugué l'Egypte, & qu'elle ait perdu ensuite toute son Armée dans une expédition contre les Ethiopiens, il n'est pas possible que cela soit arrivé si peu de tems après le déluge, puisque les Historiens disent que cette Armée étoit composée de trois cens mille hommes, bien disciplinés & aguerris, & qu'ils avoient des chariots armés, &c. Les Ethiopiens, ses ennemis, étoient encore plus forts qu'elle. Je dis donc qu'il n'est pas probable, qu'on ait pû lever de pareilles Armées si peu de tems après le déluge, s'il est vrai que Sece qu'ils fuſſent arrivés au bras extérieur du Nil ; car quoique leur ennemis paſſaſſent l'Iſthme pour arriver en Egypte, ils ne s'étoient point encore emparés de ce paſſage. Il ſeroit inutile de vous dépeindre les regrets qu'ils eurent d'être obligés de quitter leur chere Patrie. Je vous dirai ſeulement qu'ils traverſerent la grande mer, & ne s'arrêterent que lorſqu'ils furent parvenus à une autre mer (*a*), auprès de laquelle ils fixerent leur demeure, afin de pouvoir ſe ſauver encore au cas qu'ils fuſſent pourſuivis. C'eſt ce que nous avons appris par les Relations de nos Ançêtres, qui ren-

miramis fût femme du fils de Nimrod, le grand Chaſſeur, qui étoit fils de Chanaan ou Cush, & arriere petit-fils de Noë.

(a) *Une autre mer.* C'eſt le Pont Euxin.

contrerent quelques-uns d'eux qui venoient visiter comme nous les tombeaux de leurs parens décédés : mais il y a un tems infini que nous n'en n'avons entendu parler.

Les autres, qui étoient en bien plus grand nombre, descendirent la petite mer (*a*), ils ne s'arrêterent

(a) *La petite mer, &c.* C'est la mer Rouge. Il arriva plusieurs autres révolutions en Egypte : les Ethiopiens s'en rendirent les maîtres, après qu'ils eurent vaincu Semiramis : ils furent expulsés à leur tour, ou par le grand Sesostris, dont Herodote vante tant les exploits, ou peu de tems avant lui, par son Prédécesseur. Les Chananéens, que Josué chassa de la Palestine, se rendirent aussi maîtres d'une partie de l'Egypte, comme nous verrons dans la suite. Ce pays fut encore soumis long-tems après par Nabuchodonosor, qui détruisit la célébre ville de Thébes avec ses cent portes. *Bochart in Ninive.* Les Perses, sous les ordres de Cambyse, fils du grand Cyrus, s'emparerent aussi de l'Egypte. Enfin les Romains en firent une Province sous le

ni ne mouillerent en aucun endroit qu'ils ne fussent arrivés à un débouché de cette mer fort étroit (*a*), & par lequel ils passerent dans le vaste Océan, & de-là prenant leur route à main gauche (*b*), ils entrereut

Regne d'Auguste. Strabon dit que cette fameuse Ville de Thébes n'étoit plus qu'un pauvre village de son tems. Et Juvenal sat. 15. *Atque vetus Theba centum jacet obruta portis.*

(a) *A un débouché de cette mer fort étroit, &c.* Il faut que ce soit le détroit de Babelmandel, par où ils auront passé dans le grand Océan Oriental.

(b) *Prenant leur route à main gauche, &c.* Il y a apparence que cette Colonie alla à la Chine, car que les Ancêtres du Pophar soient devenus tout ce qu'on voudra, il y a de très-fortes raisons pour croire que les Chinois étoient originairement d'Egypte, quoique ces deux pays soient si fort éloignés, & qu'ils en sortirent vers le tems des Rois-Bergers, c'est-à-dire, avant que Jacob allât en Egypte avec ses fils. Car quiconque voudra comparer ce que le sçavant Evêque de Meaux dit dans la troisiéme Partie de son

dans la mer Orientale. Mais nous ignorons si l'impitoyable abîme ne les aura point engloutis, ou bien si

Histoire Universelle, touchant les vies & les mœurs des premiers Egyptiens avec celles des Chinois, y trouvera à plusieurs égards beaucoup de ressemblance, surtout en ce qui regarde l'antiquité fabuleuse à laquelle les deux Nations prétendent. 2°. Dans la connoissance qu'elles ont eue de si bonne heure des Arts & des Sciences. 3°. Dans le respect qu'elles ont pour les hommes sçavans, & la préférence qu'on leur donne sur tous les autres. 4°. Dans leur politique. 5°. Leur grande superstition pour leurs parens décédés. 6°. La coutume de visiter tous les ans la famille de leurs Ancêtres. 7°. Leur caractere tranquille & paisible. 8°. Dans leur culte & leurs cérémonies Religieuses: Quant à ce dernier point, chacun sçait que les premiers Egyptiens adoroient le Soleil, long-tems avant que les Idolâtres qui envahirent leur pays, eussent introduit parmi eux les Dieux Apis, Isis & Anubis. Et les Chinois adorent encore aujourd'hui le Ciel matériel. Enfin les Chinois baptisent leurs Pyramides, comme les Egyptiens baptisoient les leurs, & ceux-ci les regardoient comme d'anciennes Idoles.

les vents ne les auront point jettés dans quelque pays inconnu, car on n'a jamais eu de leurs nouvelles. Il

Voyez ce qu'en dit Moreri, *Editio Clerici.* art. *Pyramid.* La plus grande difficulté eſt de ſçavoir comment ils ont pû aller d'Egypte à la Chine; mais, à la bien examiner, elle n'eſt pas ſi difficile à réſoudre qu'on peut ſe l'imaginer. Il eſt certain que les Egyptiens, comme j'ai déja dit, connoiſſoient la navigation de très-bonne heure. Il eſt encore certain que dans ces incurſions barbares, ceux qui envahiſſoient un pays, avoient coutume de ravager & de détruire tout. Puiſque nous trouvons donc par les Hiſtoires les plus anciennes, que vers ces tems il arriva en Egypte une révolution terrible, & qu'elle fut cauſée par les gens dont les Egyptiens déteſtoient le plus les coutumes, les Chinois peuvent très-bien avoir pris la réſolution de ſe confier à la mer, qui les aura portés au delà du Golphe Perſique, à la Cochin Chine, d'où ils auront gagné le grand Continent, & auront peuplé ce vaſte Empire, conſervant toujours leurs anciennes Loix & Coutumes. Ainſi donc, indépendamment du récit du Pophar, il eſt extrêmement probable que les Chinois ſont venus originairement d'Egypte.

est vrai que depuis peu d'années nous avons entendu parler au Caire d'une Nation extrêmement nombreuse, & très-civilisée dans les parties du monde Oriental, & dont les Loix & les usages ont quelque ressemblance aux nôtres; mais comme nous n'avons jamais vû de gens de ce pays-là, nous ne sçaurions dire ce qu'ils sont.

Le Pere de notre Nation, & qui étoit le Prêtre du Soleil à No-om (*a*), que ces Infidéles nommerent

(a) *Le Prêtre de No-om, &c. No-om*, ou *No-on*, signifie dans l'ancienne langue des Mezzoraniens ou des Egyptiens, la Maison du Soleil. Leurs mots sont composés de monosyllabes joints ensemble comme ceux des Chinois, ce qui est encore une raison pour croire qne les Chinois doivent être regardés comme une Colonie des Egyptiens. Le Patriarche Joseph épousa la fille du Prêtre d'*On*, que plusieurs Sçavans disent être la même chose que Héliopolis, ou

dans la ſuite No-Ammon (*a*), par rapport au Temple d'Hammon, étoit cruellement agité pendant cette ca-

la Ville du Soleil. De *No* viennent les *Nomes* Egptiens, qui ſont les diviſions de leur pays en diſtricts ou Provinces: Le ſçavant Bochart dit que ce mot eſt Egyptien, & non pas Grec, quoique Dinaſtie ſoit bien un mot Grec. *Phaleg*, l. 4. c. 24. De-là vinrent probablement les *Nomades*, & les *Numides*, parce qu'ils changeoient ſouvent de demeure ou de nom; la premiere & la plus ancienne de toutes les Nations vivoit de cette façon.

(a) *Nommerent dans la ſuite No Ammon*, ou *No-Am*, *&c.* C'eſt-à-dire, la Maiſon d'Am ou d'Ammon, ou *Charnoon* ou *Chum*, ſuivant Bochart. Ce Ham étoit le Jupiter des Tyriens, & c'eſt dans ce lieu que ſe bâtit dans la ſuite la grande ville de Thébes, comme j'ai dit ci-devant, nommée par les Grecs Dioſpolis, ou la Ville de Jupiter. Cadmus, qui étoit de la Ville de Thébes en Paleſtine, ayant été chaſſé de ſa patrie par Joſué, bâtit cette ville; mais il en fut chaſſé, & forcé de ſe retirer à Tyr, d'où il alla avec une Colonie de Tyriens, ou de Chananéens exilés en Béotie, où il bâtit une autre Thébes, ou plutôt la Citadelle

lamité générale; mais il ne croyoit pas encore que les Hickſoes pénétraſſent ſi avant dans le pays. Il jugea cependant que la prudence vouloit qu'il cherchât un azile pour lui & pour ſa famille, en cas de beſoin. Il deſcendoit en ligne directe du grand Tha-oth, & étoit parfaitement verſé dans toutes les ſciences de ces Ancêtres. Il conjectura qu'il devoit certainement y avoir quelque pays habitable au-delà des ſables qui l'entouroient, & où il pouvoit ſe réfu-

de Thébes, nommée *Cadmeia*. V. Bochart, *Cadmus & Hermione*. Hermione, à ce que dit le même Auteur, étoit du Mont Hermon en Paleſtine; & comme ce mot dans la langue Chananéenne ſignifie un ſerpent, de-là eſt venu la fable des dents de ſerpent changées en hommes. Le Temple de Jupiter Ammon, ou de Hammon en Afrique, fut bâti par les *Chauanéens*, qui s'étendirent de l'Egypte en Lybie.

gier avec ses enfans, & y demeurer au moins jusqu'à ce que ces troubles fussent passés, s'il trouvoit un chemin pour les y conduire : car il ne comptoit pas pour lors être obligé de quitter sa patrie pour toujours. Il résolut donc en vrai pere de son peuple, comme le nom de Pophar signifie, de risquer sa propre vie plutôt que d'exposer toute sa famille au danger de périr dans ces affreux déserts. Il avoit cinq fils & cinq filles, tous mariés à autant de fils & de filles de son frere qui étoit mort (*a*). Ses deux fils aînés a-

(*a*) Il est certain que les Anciens, & particulierement les Nations Orientales, épousoient leurs proches parens, aussi-bien que les Juifs, pour conserver leurs noms ou leurs Tribus : mais l'Histoire ne dit pas qu'ils épousassent leurs propres sœurs avant le tems des Rois de Perse, qui en furent blâmés par les Grecs. Les Egyptiens suivoient cette

voient même des enfans, mais les autres n'en avoient point encore. Il laiſſa à ſon fils aîné le gouvernement & le ſoin de tout, au cas qu'il lui arrivât mal, & mena avec lui les deux plus jeunes de ſes enfans, dont la famille pouvoit plus aiſément ſe paſſer. S'étant pourvûs de la quantité d'eau qu'il falloit pour dix jours, & de pain de fruits ſecs autant qu'il leur en étoit néceſſaire pour vivre, il réſolut de voyager cinq jours ſur ces ſables; & ſi au bout de ce tems il ne découvroit rien, de revenir avant que leurs proviſions fuſſent épuiſées, & de ten-

coutume barbare ſous les Ptolomées; & Ptolomée Lagus, l'un des Capitaines d'Alexandre fut le premier qui le fit. Les Yncas Amériquains faiſoient de même, pour ne point profaner, diſoient-ils, leur ſang par des mêlanges étrangers.

ter enſuite la même choſe d'un autre côté.

Il partit enfin avec beaucoup de ſecret, & allant toujours directement vers le Couchant, afin de pouvoir mieux connoître la route qu'il tenoit, il arriva à la premiere vallée que nous avons vûe : il y trouva de l'eau & des fruits en abondance, il en examina l'étendue, & il vit qu'il y avoit aſſez de place pour pluſieurs milliers d'habitans, au cas que leur nombre augmentât, & qu'ils fuſſent forcés d'y faire un long ſéjour, comme en effet cela arriva. Ils firent enſuite leur proviſion de dattes & de fruits que la terre produiſoit naturellement, beaucoup plus beaux qu'en Egypte, afin de les faire voir à leurs compatriotes pour les encourager à entreprendre cette

cette transſmigration. Le tems ſixé pour ſon retour s'étoit écoulé, dans le long ſéjour qu'il avoit fait pour examiner cette vallée, & ſes gens le crurent perdu. Mais la joye qu'ils eurent de le voir revenir lorſqu'ils ne l'eſpéroient plus, & la peinture qu'il leur fit de cette belle & heureuſe retraite, les fit réſoudre d'une voix unanime de le ſuivre. Ainſi ſur la premiere nouvelle qu'ils eurent des mouvemens des Hickſoes, ils emballerent tous leurs effets & toutes leurs proviſions, avec tout le ſecret poſſible ; & ſurtout ils eurent ſoin d'emporter tous les monumens des Arts & des Sciences que leurs Ancêtres leur avoit laiſſés, & de faire des Remarques exactes ſur chaque partie de leur chere Patrie qu'ils alloient quitter, non ſans eſpérance de la revoir quand l'orage feroit paffé.

Ils arriverent fans accident, & réfolurent de ne vivre que fous des tentes, en attendant qu'ils puffent retourner dans leur pays natal. A mefure que leur nombre augmentoit, ils s'étendoient plus avant dans la vallée qui devenoit plus fpacieufe, & leur fourniffoit abondamment tout ce qui eft néceffaire & utile à la vie : en forte qu'ils vêcurent dans l'exil le plus heureux qu'ils puffent fouhaiter, mais fans ofer pendant plufieurs années fortir de la vallée, de crainte d'être découverts.

Le Pophar fentant fa vieilleffe (car il avoit prefque atteint l'âge de deux cens ans), quoiqu'il fût encore vigoureux (a) & robufte

(a) *Vigoureux & robufte, &c.* La vie ré-

pour ſon âge, réſolut de revoir ſa patrie avant de mourir, & d'y apprendre tout ce qu'il pourroit pour l'intérêt commun de ſon peuple. Il ſe déguiſa donc, & repaſſa les déſerts avec deux hommes déguiſés comme lui; mais quelle fut ſa douleur en arrivant ſur les bords de l'Egypte,

guliere que menoient les anciens Egyptiens, jointe au climat qu'ils habitoient & aux fruits dont ils ſe nourriſſoient, pouvoit contribuer beaucoup à les faire vivre long-tems, & à les rendre forts & robuſtes à proportion. Les *Macrobiens*, peuple de l'Ethiopie, vivoient très-long-tems; c'eſt par cette raiſon même qu'on les a nommés *Macrobiens*. Voyez ce qu'Hérodote dit des Ethiopiens & de leur force, dont ils donnerent une preuve dans l'Arc qu'ils envoyerent à Canchyſes qui venoit de leur déclarer la guerre; diſant que lorſqu'il pourroit tendre cet Arc, il auroit droit de leur déclarer la guerre. Il n'y eut que Smerdis, frere de Canchyſes, qui le pût tendre; & par jalouſie ſon frere le fit mourir quelque tems après.

de trouver que ces barbares Hickſoes s'étoient répandus partout, & de voir les triſtes reſtes de Mezzoraniens dans l'eſclavage ! Ces barbares avoient commencé à ſe bâtir des habitations, & à s'établir comme s'ils euſſent formé le deſſein de ne jamais abandonner ce pays. No-om étoit devenu une de leur principale Ville (*a*), & ils avoient bâti un Temple à leur Dieu Cornu (*b*), qu'ils nommerent No-Hammon (*c*), ils avoient

(a) *No-om étoit devenue une de leurs principales Villes, &c.* Il paroît que la ville de Thébes, quoique ſi fameuſe dans la ſuite, n'étoit pour lors que le Chef du *Nome*, de la famille de ce premier Pophar.

(b) *A leur Dieu Cornu, &c.* Jupiter Ammon, que Bochart prouve avoir été Ham ou Cham, fils de Noé, étoit repréſenté avec une tête de bellier, ce que les Egyptiens eurent tant en horreur, qu'ils nommerent ces miſérables qui envahirent leur pays, *Hy[illegible]ſo[illegible]s*.

(c) *No Hammon.* C'eſt-à-dire, la Maiſon du Dieu-Bellier.

établi des Loix ſi inhumaines (*a*), & commis tant de cruautés, que ce vénérable vieillard ne put s'empêcher de verſer un torrent de larmes ſur les malheurs de ſa patrie déſolée. Mais, comme il étoit extrêmement pénétrant, il jugea aiſément par leur odieuſe conduite, qu'ils ne pouvoient pas manquer d'eſſuyer quelque nouvelle révolution en peu

(a) *Des Loix ſi inhumaines*, *&c.* Il eſt probable qu'il veut parler des cruautés de Buſyris qui ſacrifioit ſes hôtes. Quoique les Hiſtoriens ne ſoient pas d'accord touchant le tems où Buſyris vivoit, ce qui prouve qu'il étoit très-ancien, cependant ils conviennent tous qu'il étoit un monſtre de cruauté, ſi fameux, que ſon nom paſſa en proverbe; *Buſyridis aras*, étoit l'expreſſion la plus forte que les Anciens connuſſent pour ſignifier la cruauté la plus affreuſe, jointe à la trahiſon la plus noire. Il eſt très-naturel de croire que les Egyptiens ſe ſoient diſperſés, comme ils firent, en tant de Colonies, pour éviter des cruautés ſi horribles.

de tems. Quand il eut fait toutes ſes obſervations, & qu'il eut viſité les tombeaux de ſes Ancêtres, il revint à la vallée, & mourut dans l'endroit où vous avez vû la pyramide qu'on a bâtie en ſon honneur. En effet, ce qu'il avoit prévû arriva peu de génération après. Les naturels du pays déſeſpérés de la domination tyrannique des Hickſoes, furent forcés d'enfreindre leurs Loix primitives, qui leur défendoient de répandre le ſang : ils ſe ſouleverent tous ; & appellans leurs voiſins à leur ſecours, ils attaquerent les Hickſoes dans le tems qu'ils s'y attendoient le moins, & les chaſſerent du pays. Ils avoient pour Chef un brave jeune homme dont la mere étoit une belle Mezzoranienne, & le pere étoit Sabéan (*a*). Après que ce jeune Conquérant eut chassé les Hicksoes, il établit une nouvelle forme de gouvernement, & se fit Roi de ses freres, qu'il gouverna dans un esprit de douceur & d'équité, & devint très-puissant. Nos Ancêtres envoyerent de tems en tems quelques-uns des leurs pour voir ce qui se passoit. Ils trouverent le Royaume dans un état très-florissant sous le Conquérant Sois (*a*), car c'est ainsi qu'il se nom-

(a) *Sabéan.* Ces Sabéans étoient les descendans des fils de Chush ou Chuss ; ils étoient grands & bienfaits, grands Commerçans, & plus polis que les autres Arabes. *Bochart in Seba filii Chus*, où il cite un passage d'Agatharcides sur la beauté des Sabéans. Les corps des habitans (des Sabéans) sont plus majestueux que ceux des autres hommes.

(a) *Le Conquerant Sos, &c.* Il faut que ce soit le grand Sesostris, ou Sesosis, dont

moit. Lui & ses successeurs l'avoient rendu un des plus puissans Royaumes du monde ; mais les Loix étoient différentes de ce qu'elles avoient été du tems de nos Ancêtres, & même de celles que Sofs avoit établies. Quelques-uns de ses successeurs commencerent à devenir tyrans ; ils rendirent leurs freres esclaves, & inventerent une nouvel-

le sçavant Evêque de Meaux & Herodote rapportent tant de choses glorieuses, puisque les Auteurs ne disent pas précisement dans quel tems il a vêcu; cependant tous conviennent qu'il est extrêmement ancien. Il étendit ses conquêtes sur la plus grande partie de l'Orient, & selon quelques-uns, sur presque tout le monde connu. Dans les endroits où ses ennemis étoient foibles & sans résolution, & où ils ne lui résistoient pas, il y érigea des statues habillées en femmes, qui les représentoient. *Herodot.* lib. 2. *Euterpe. M. de Meaux*, *Hist. Univ.* part. 3. Les Auteurs écrivent très-différemment le nom de ce grand Conquérant.

le Religion ; les uns adoroient le Soleil, d'autres les Dieux des Hickſoes ; de ſorte que nos Ancêtres, quoiqu'ils euſſent bien pû retourner dans leur patrie, voyant qu'il leur ſeroit impoſſible de changer les Loix injuſtes qui y étoient établies, aimerent mieux vivre inconnus dans leur vallée, & ſous leur gouvernement Patriarchal.

Dans la ſuite des tems le nombre de nos Ancêtres s'accrut ſi conſidérablement, que le pays qu'ils habitoient ne pouvant plus les contenir, ni fournir à leur ſubſiſtance, ils euſſent été obligés de retourner en Egypte, ſi une autre révolution, qui y arriva, ne les eût forcés de chercher une nouvelle habitation.

Ce changement fut cauſé par une race d'hommes nommés Cnanims, (*a*) aussi barbares & aussi scélérats dans le fond, mais plus politiques que les Hicksoes. Quelques-uns prétendent que c'étoit un même peuple, & qu'étant chassés de leurs

(a) *Nommés Cnanims*, ou *Chanans*. C'étoient, selon toutes les apparences, les impies Chananéens, qui étant détruits & chassés de Chanaan par Josué, se disperserent & envahirent la plus grande partie des terres qui les entouroient. Bochart, *in Chanaan*, prouve presque démonstrativement qu'ils se répandirent dans toutes les Isles & dans tous les Ports de mer de l'Europe, de l'Asie & de l'Afrique. Il cite dans sa préface un passage très-curieux de Procop, *de Bello Vandalico*, où il parle d'une colonne trouvée en Afrique avec une inscription en caractéres Phéniciens ou Cananéens, qui signifie en francois, *Nous sommes ceux qui ont fui à l'aspect de* Jesus, *ou de* Josué *le voleur, fils de Nave*. Eusebe *in Chronico*, dit à peu-près la même chose; & Saint Augustin dans sa *Cité de Dieu*, dit que si vous demandiez aux anciens habitans de la campagne des environs de Hippone en Afrique, d'où ils étoient, ils vous répondroient, qu'ils étoient d'origine *Chanani* ou Chananéens.

pays par d'autres plus puissans qu'eux, ils étoient venus infecter non-seulement toute la terre de Mezzoraim, mais encore les côtes des deux mers, détruisant tout ce qu'ils rencontroient, & commettant des horreurs qui auroient fait frémir les Hicksoes mêmes. Perfide race d'hommes, qui a corrompu les mœurs innocentes (*a*) de toute la terre !

Jamais nos Ancêtres ne s'étoient

(a) *Corrompu les mœurs innocentes, &c.* Le célébre Bochart, que j'ai cité si souvent, prouve que ce sont les Phéniciens, ou les Charthaginois, qu'il prétend aussi avoir été des Chananéens, qui ont répandu par tout le monde l'idolâtrie avec toute la sequelle des Dieux Payens, & leurs rits abominables, *Bochart in Chanaan.* Le même Auteur dit que les Phéniciens, ou *Chanani* envahirent l'Egypte précisément vers ce tems : c'est ce qu'il prouve clairement ; & que leurs camps, *Castra*, étoient aux environs de Memphis : comme aussi que Cadmus &

trouvés dans un si grand embarras ; il ne leur restoit plus d'espérance de pouvoir revoir leur patrie ; de tous côtés ils étoient entourés de déserts. L'endroit qu'ils habitoient étoit trop petit pour tant de milliers d'hommes qu'ils étoient ; même ils ne sçavoient pas si les détestables Cnanims, la Nation la plus déterminée, & la plus entreprenante qu'il y eut sous le Soleil, (*a*) ne les décou-

Phœnix, qu'il fait contemporains de Josué, ayant fui devant lui, sortirent d'Egypte dans la suite, & bâtirent Thébes en Béotie. Voyez aussi Herodote, *in Euterpe*.

(a) *La Nation la plus entreprenante qu'il y eut sous le Soleil, &c.* Herodote dit que même dans ces premiers tems, ils alloient de la mer Rouge, faire le tour de l'Afrique, & revenoient en Egypte par le détroit (de Gibraltar) & la mer Méditerranée. *Melpom.* & Bochart. Que Hannon l'aîné, avoit fait le tour de la plus grande partie du monde.

vriroient pas quelque jour.

Dans cette détresse ils résolurent de chercher une nouvelle demeure : pour cet effet ils se rappellerent toutes les observations qu'ils avoient faites sur les cieux, le cours du Soleil, les saisons, & la nature du climat, & tout ce qu'ils crurent propre à leur faire connoître de quel côté il falloit aller. Ils ne douterent pas qu'il ne pût y avoir quelque pays habitable au milieu de ces vastes déserts, peut-être aussi beau que la vallée où ils étoient, pourvû qu'ils pussent y arriver. Ils envoyerent plu-

par ordre du Sénat de Carthage, à qui il donna à son retour une Relation de son voyage, qu'on nomme le *Periplus* de Hanno. Il vouloit qu'on l'honorât comme un Dieu pour avoir fait cette expédition. Il vivoit avant le tems de Salomon. *Bochart. in Chanaan*, l. 1. c. 37.

ſieurs perſonnes à la découverte ; mais ſans ſuccès. Les ſables étoient trop étendus pour pouvoir les traverſer ſans eau , & ils n'y purent trouver ni rivieres ni ſources. Les plus ſages d'entr'eux commencerent enfin à réfléchir que les débordemens annuels de la grande Riviere (le Nil) , dont on n'avoit jamais pû découvrir la ſource , ne pouvoient provenir que d'une grande quantité de pluye qui devoit tomber quelque part au Sud de la vallée qu'ils habitoient , & environ dans la ſaiſon de l'année où ils étoient ; & jugerent que s'ils pouvoient avoir le bonheur de rencontrer ces pluyes , non - ſeulement elles leurs fourniroient de l'eau , mais que le pays où elles tomboient devoit certainement être fertile.

Le grand Pophar, aſſiſté de quelques-uns des hommes les plus ſages de l'Etat, réſolurent généreuſement de riſquer tout pour le ſalut de ſon peuple; ils ſupputerent exactement en quel tems arrivoient les débordemens du Nil, & l'eſpace que mettoient les eaux à deſcendre juſques dans l'Egypte. Ils crurent donc que s'ils pouvoient ſeulement porter avec eux aſſez d'eau pour leur ſubſiſtance, ces pluyes qu'ils eſpéroient découvrir, les aideroient enſuite à aller plus loin.

Ils partirent enfin au nombre de cinq avec dix dromadaires, chargés des proviſions d'eau autant qu'il en falloit pour quinze jours, dans le deſſein de revenir au bout de ce tems, ſi leur voyage ne leur reuſſiſſoit pas: ils prirent donc le même chemin que nous avons pris, & arriverent à l'endroit où nous sommes actuellement. Les observations qu'ils ont laissées, disent qu'ils y trouverent ici une petite riviere (*a*), (elle a été engloutie depuis par les sables) ils remplirent les vaisseaux d'eau, & monterent sur les hauteurs, comme nous avons fait, pour voir ce qui se passoit. Les signes des terribles ouragans, qui nous ont fait tant de plaisir, les mirent d'abord au désespoir, car le Pophar connoissant le danger qu'on court d'être enseveli sous ces sables, ne songea qu'à s'en retourner au plus vîte, & à se sauver des

(a) *Ils y trouverent une petite riviere, &c.* Ces sages anciens avoient soin de se rappeller tout ce qui étoit remarquable, & qui pouvoit être utile à leur Nation. Si les Européens avoient toujours fait de même, nous aurions pénétré plus avant que nous n'avons fait dans les secrets de la nature.

affreux

affreux tourbillons qui s'élevoient dans l'air ; cette crainte lui ôta toute espérance de pouvoir jamais réussir de ce côté-là, ainsi il ne pensa plus qu'aux moyens de s'en retourner avec sa compagnie. Voyant cependant que l'orage ne les gagnoit pas, ils s'arrêterent dans le dessein de faire encore quelques observations ; il leur parut qu'il ne tomboit que peu, ou point de pluye (*a*), excepté au-de-

(a) *Il ne tomboit en Egypte que peu ou point de pluye, &c.* C'est ce que toutes les descriptions de ce pays disent également ; les débordemens du Nil suppléent à ce défaut, & le rendent un des plus florissans Royaumes du monde. Chacun sçait que l'Egypte fournissoit du bled à tout l'Empire Romain. Il y tombe cependant quelques petites pluyes de tems en tems, & plus avant dans le pays il n'en tombe pas davantage. On sçait aujourd'hui que les débordemens du Nil sont causés par les grandes pluyes qui tombent sous ou autour de la ligne ; & comme ces pluyes n'arrosent ni l'Egypte ni la partie de l'Afrique qui en est voisine,

là du Sud de l'Egypte, quand on avoit passé les Tropiques ; d'où ils conclurent qu'il falloit que les pluyes fussent paralleles avec l'Equateur, jusqu'à ce qu'elles vinssent à la source du Nil, où elles causoient ces débordemens prodigieux, dont les autres hommes avoient tant de peine à rendre compte ; qu'il falloit enfin que ces pluyes durassent long-tems, & qu'il étoit probable, que quoiqu'elles commençassent par des tempêtes, elles pouvoient devenir fixes & continues, & qu'alors elles ne devoient pas empêcher de voyager. Il résolut donc d'abord de retourner à la premiere vallée ; mais comme il étoit extrêmement prudent, il fit réflexion

il faut qu'elles aillent en parallele avec la ligne ; ainsi la remarque de ces Sages étoit juste & très-philosophique.

auſſitôt, que la même raiſon qui l'empêchoit de pourſuivre ſon chemin le mettoit dans l'impoſſibilité de pouvoir revenir, & que cela ne pouvoit être que dans un an, parce que ces pluyes ne tomboient que dans une ſeule ſaiſon ; cependant il réſolut de continuer ſon voyage, ne doutant pas que s'il pouvoit trouver un pays habitable, il n'y trouvât auſſi des fruits dont il pourroit ſe nourrir en attendant le retour de la même ſaiſon.

Il ordonna donc à deux de ſes compagnons de s'en retourner par le même chemin qu'ils étoient venus, & de dire à ſes chers enfans de ne pas l'attendre avant l'année prochaine, au cas qu'il plût à la Providence de permettre ſon retour ; mais que s'il ne revenoit pas à-peu-près dans le tems du débordement du Nil, ils pouvoient le croire perdu, & qu'il ne falloit plus tenter le même chemin. Ils prirent congé les uns des autres, comme s'ils s'étoient dit un éternel adieu, & partirent tous en même tems; les deux reprirent le chemin de la premiere vallée, & les trois autres continuerent courageusement à chercher ces régions inconnues.

Les trois revinrent à l'endroit où nous sommes: ils furent surpris d'un orage semblable à celui que nous venons d'essuyer; mais le Pophar remarquant que la tempête alloit toujours obliquement, s'imagina que lorsque la premiere violence seroit passée, les pluyes pourroient se fixer. Ce qu'il avoit prévû arriva le lendemain; & dès qu'il s'en apperçut il ſe recommanda au grand Auteur de notre être, & s'embarqua ſur ce vaſte océan de ſable, allant toujours vers le Sud-Oueſt, & côtoyant un peu le Sud. Ils allerent auſſi vîte qu'ils purent ſur ce ſable humide, juſqu'à ce que leurs dromadaires fuſſent fatigués; alors ils dreſſerent leurs tentes, & prirent quelques rafraîchiſſemens pour ſe mettre en état de recommencer leur courſe, ſachant bien que leurs vies dépendoient de la diligence qu'ils feroient. Ils remarquerent que les ſables étoient différens de ceux qu'ils avoient vûs juſques-là, & ſi fins que ſans la pluye qui les avoient abbatus, le vent les auroit élevés de façon qu'ils n'auroient pas manqué d'en être étouffés. Pour ne pas vous tenir trop longtems en ſuſpens, ils voyagerent ainſi pendant dix jours, au bout deſquels la pluye commença à diminuer; ils virent alors que leurs vies ou leurs morts feroient bientôt décidées. L'onziéme jour la terre devenoit plus ferme en quelques endroits; ils commencerent à voir un peu de mouſſe en pluſieurs endroits, & de tems à autre quelques troncs d'arbres deſſéchés; l'eſpérance qu'ils avoient de trouver bientôt un pays habitable, ſe fortifia à cette vûe. En effet, le terrein devenoit meilleur à chaque pas, ils découvroient des endroits élevés couverts d'herbe, & des vallées qui ſembloient ſervir de lit à des ruiſſeaux & à des rivieres.

Le douziéme & treiziéme jour les tirerent d'inquiétude, & leur firent voir un pays, qui, quoiqu'il ne fût pas extrêmement fertile, avoit cependant & de l'eau & des fruits, & plus loin des montagnes & des vallées qui paroissoient florissantes & propres à être habitées.

A cette vûe ils se prosternerent par terre, & adorerent le souverain Créateur qui les avoient conduits sans accident au milieu de tant de dangers; ils baiserent ensuite la terre qui devoit être leur nourriture commune, &, à ce qu'ils espéroient, de toute leur postérité. Après s'être reposés pendant quelques jours, ils pénétrerent plus avant dans le pays, qui devenoit meilleur à mesure qu'ils y avançoient.

Comme ils sçavoient qu'ils ne pouvoient s'en retourner que l'année suivante, ils choisirent l'endroit le plus commode pour y établir leur ſéjour, & mirent des marques de diſtances en diſtances pour ne pas s'égarer. Ils monterent d'abord ſur les montagnes les plus élevées; mais qu'elle fut leur ſurpriſe, ou plutôt leur raviſſement, en voyant de tous côtés un pays immenſe & floriſſant, & qui, pour comble de bonheur, leur paroiſſoit n'être point habité! Ils ſe promenerent à loiſir dans ces jardins naturels, où un Printems éternel ſembloit faire naître les fleurs & la verdure, tandis que l'Automne meuriſſoit les fruits les plus exquis. Ils découvroient des hauteurs ſur leſquelles ils s'étoient placés, non-ſeulement des ſources & des fontaines, mais encore des lacs & des rivieres très-ſpacieuſes. Enfin ils ne douterent plus que le pays ne fût aſſez étendu pour contenir à l'aiſe des Nations entieres.

Ils virent par le Soleil qu'ils étoient plus près de l'Equateur qu'ils ne ſe l'étoient imaginé, (*a*) de ſorte qu'ils paſſerent là l'eſpace moyen entre le Tropique & la ligne.

Etant de retour à leur premiere ſtation, ils y attendirent la ſaiſon

(a) *Qu'ils étoient plus près de l'Equateur qu'ils ne ſe l'étoient imaginé, &c.* Quoique nous puiſſions bien tracer dans l'imagination un moindre cercle parallele aux Tropiques & à l'Equateur, ce qu'on nomme *Minimus parallelorum*, cependant un homme qui voyage, ſoit par terre ou par mer, en ligne parallele à l'Equateur, à ce qu'il penſe, ne le fait pas réellement, car il s'en approchera, il le traverſera même à la fin, à moins qu'il ne décrive en marchant une ligne ſpirale; la raiſon en eſt, que partout où nous nous trouvons, nous ſommes à l'égard de nous-mêmes ſur le ſommet du globe, & nos pieds ſont perpendiculaires au centre: de ſorte que ſi nous faiſons le tour du globe nous décrirons un grand cercle, & par conſéquent nous traverſerons l'Equateur.

pour leur retour. La pluye les prit un peu plutôt que l'année précédente, parce qu'ils étoient plus vers l'Oueſt; mais les ouragans n'étoient pas à beaucoup près auſſi violens que dans les déſerts.

Dès qu'elle eut recommencé à tomber ils partirent, & en vingt jours de tems ils arriverent ſans accident, au lieu où ils avoient laiſſé leurs amis & leurs parens, qui les reçurent avec ces tranſports de joie qu'éxcite en nous un bonheur imprévû.

C'eſt ainſi que ce Héros immortel acheva ſa grande entrepriſe, plus glorieuſe que toutes les victoires des plus fameux Conquérans, puiſqu'elle étoit ſon propre ouvrage.

Il ſeroit trop long de vous raconter toutes les difficultés & tous les embarras qu'ils eurent, lors de cette transmigration si dangereuse, à transporter tous leurs effets les plus précieux ; il l'exécuta avec un courage inébranlable, marcha toujours d'un pas ferme au milieu des dangers, n'estimant sa vie qu'autant qu'elle pouvoit être utile à son peuple & à le conduire dans ces déserts arides, qu'on ne pouvoit traverser que dans un seul tems de l'année, un si grand nombre d'hommes & de femmes avec leurs enfans. Mais le voyage ayant enfin été résolu, & le Pophar faisant sagement attention aux difficultés présentes, la nécessité, mere de l'invention, lui fit naître l'idée qu'il falloit gagner la vallée où nous sommes actuellement, comme un lieu propre à fournir à leurs besoins, jusqu'à ce que les pluyes vinſſent. Il mena donc tout ſon peuple dans cette vallée, afin d'être prêt pour la ſaiſon favorable.

Les enfans nouveaux nés furent laiſſés avec leurs meres, & des gens choiſis pour en avoir ſoin, en attendant qu'ils fuſſent en état de ſupporter les fatigues du voyage. C'eſt ainſi que dans l'eſpace de ſept ans tous arriverent heureuſement au pays, où nous eſpérons être nous-mêmes dans dix ou douze jours d'ici. C'eſt avec raiſon que nous honorons ce grand Héros, comme un autre Meſraim, le ſecond Fondateur de notre Nation. C'eſt de lui que vous ſortez vous-même du côté de votre mere, & vous allez être incorporé avec les deſcendans de vos premiers Ancêtres.

Le Pophar finit ainſi ſon récit, qui me remplit d'étonnement & d'admiration. Tout ce que je venois d'entendre me donna une ſi grande idée de ce peuple, que je fus charmé, jeune & ſans appui comme j'étois, de me voir bientôt allié à une Nation auſſi floriſſante & auſſi civiliſée. Mon attente étoit proportionnée à mes idées ; j'étois perſuadé que j'allois voir un beau pays : mais il me falloit vivre avec des Payens ; cette cruelle réflexion revenoit toujours à mon eſprit empoiſonner mes plaiſirs, & faiſoit évanouir en vains ſonges mes idées de félicité. Je réſolus cependant de conſerver ma Religion, s'il le falloit aux dépens même de ma vie. J'étois livré à ces triſtes penſées, lorſque le Pophar nous ordonna de prendre quelques rafraîchiffemens, & de préparer tout pour notre départ, quoique l'orage ne fût pas encore tout-à-fait paffé.

Tout étant prêt, & l'orage ayant ceffé vers la pointe du jour, nous nous mîmes en marche & parvînmes en peu de tems aux lieux où la pluye tomboit. C'étoit une pluye douce & reglée : tout paroiffoit auffi calme que la tempête avoit éte violente. Mes compagnons, qui y étoient accoutumés, s'étoient pourvûs de grands vaiffeaux découverts, qu'ils avoient attachés aux côtés des dromadaires, pour y recevoir l'eau qu'il nous falloit pendant ce voyage, & ils s'étoient couverts, eux & leurs montures de la toile cirée dont j'ai déja parlé. La pluye qui avoit rendu le fable très-ferme, l'empêchoit de s'élever ; mais il s'attachoit aux pieds des dromadaires & les fatiguoit beaucoup. Cependant nous marchâmes pendant cinq jours avec toute la vîtesse possible, ne nous arrêtant pour prendre quelques rafraichissemens, que quand il le falloit absolument; la stérile étendue de ces déserts obscurs m'accabloit d'un ennui mortel, ni le Soleil ni la Lune ne s'offroient à nos regards; à peine une sombre lumiere nous conduisoit à l'aide de la boussole.

Le sixiéme jour nous crûmes appercevoir quelque chose qui passoit auprès de nous à main droite, lorsqu'un des jeunes gens s'écria, *les voilà*, & aussi-tôt il tourna du même côté. Nous vîmes alors que c'étoient des hommes qui, voyageoient comme nous, & qui dès qu'ils nous eurent apperçus, vinrent à notre rencontre.

Je fus extrêmement ſurpris que d'autres que nous ſçuſſent le chemin de ces déſerts ; mais le Pophar me tira bientôt d'embarras, en me diſant que c'étoient des hommes de leur pays qui profitoient de la ſaiſon des pluyes pour aller en Egypte, conduits par le même motif de piété qu'ils avoient eue.

Lorſqu'ils nous eurent abordés, le Chef de l'autre Caravanne mit pied à terre avec toute ſa compagnie, & ſe proſterna devant notre Pophar, qui recula en s'écriant : *Hélas ! notre Pere eſt-il-donc mort* ? On lui répondit qu'oui, & qu'étant le premier de la ſeconde branche, c'étoit à lui d'être Régent du Royaume, en attendant que le jeune Pophar eût atteint l'âge de cinquante ans. Alors mes compagnons ſe proſter-

nerent

nerent aussi devant le Pophar; & comme on voyoit que j'étois surnuméraire, & par conséquent étranger, on ne se scandalisa pas de ce que je ne me prosternois pas comme les autres: au contraire, dès que leurs cérémonies furent finies, ils vinrent m'embrasser, & me féliciter d'être entré dans leur société, avec autant de cordialité que si j'avois réellement été de leur pays. Les caresses qu'ils me firent, & leurs transports de joye, expressions naturelles à cette Nation, redoublerent, lorsque le Pophar leur eut fait connoître qui j'étois.

Après que ceux de notre troupe se furent informés de leurs amis & de leurs parens, & qu'on les eut assuré que tout alloit bien, à l'exception de ce qu'ils venoient d'apprendre, le Pophar demanda aux autres pourquoi ils avoient pris si fort à main gauche, & leur dit qu'il s'étoit attendu à leur rencontre dès la veille, mais qu'il lui sembloit qu'ils s'écartoient du chemin. Ils répondirent qu'en effet ils s'en étoient apperçus, & qu'ils l'alloient regagner; mais que le tems obscur, joint à leur trop grande sécurité, avoit manqué de les faire périr la veille; & qu'ayant pris trop à main gauche, un de leurs dromadaires avoit été englouti dans un sable mouvant (*a*), où le Cavalier n'eût pas man-

(a) *Dans un sable mouvant, &c.* On pourra être surpris d'entendre parler de sable mouvant au milieu des déserts arides de l'Afrique; mais la chose ne paroitra pas si impossible, lorsqu'on en aura examiné les causes. Sans doute que notre Auteur ne veut pas parler de sables mouvans, comme ceux qui sont causés par le flux de la mer sous le

qué d'être enſeveli, s'il ne ſe fût jetté légerement en arriere de ſon dromadaire.

Le Pophar les reprit avec douceur d'avoir été ſi peu ſur leurs gardes en traverſant ce vaſte Océan, & les félicita en même tems d'avoir échappé à ce danger.

Le tems ne nous permettant pas de nous arrêter davantage, chaque Caravanne reprit ſa route : nous

ſable ; un homme de bon ſens ne ſçauroit commettre une faute ſi groſſiere. Mais que dans les endroits où les ſables ſont plus bas, & forment une eſpéce de baſſin ou de réſervoir, il puiſſe y avoir de l'eau qui s'amaſſe & qui y croupit, c'eſt une choſe très-croyable & même certaine. On n'ignore pas qu'il y a dans quelques parties de l'Afrique de grands lacs qui n'ont pas de *ſortie* viſible. Il n'y manque pas non plus de rivieres qui ſe perdent dans les ſables, & qui dans les endroits où elles coulent, peuvent former des eſpéces de marais ſablonneux ou de ſables mouvans, comme notre Auteur les appelle.

n'avions plus que cinq ou ſix jours de chemin à faire, c'eſt-à-dire, en voyageant jour & nuit, car nous ne nous arrêtions que pour faire de légers repas.

La pluye avoit tempéré l'air au point qu'il faiſoit plutôt froid que chaud, & ſurtout pendant les nuits qui devenoient plus longues à meſure que nous approchions davantage de la Ligne. Nous nous détournâmes encore vers l'Oueſt, mais de maniere que nous conſervions toujours le terrein le plus élevé. Je remarquai que plus nous approchions du Couchant, plus la pluye diminuoit, & toujours de même à meſure qu'il nous reſtoit moins de chemin à faire : ce qui nous fit juger qu'elle venoit directement du lieu où nous allions.

Le dixiéme jour de notre voyage, à compter de la derniere vallée où nous nous étions reposés, un de nos dromadaires se lassa. Nous les avions déja changés plusieurs fois pour rendre leur fardeau plus égal. On ne voulut pas le laisser mourir, parce qu'il nous avoit été utile; ainsi deux de la compagnie, ayant assez d'eau, & sçachant bien où ils étoient, resterent pour en avoir soin & pour le ramener avec eux.

Nous commençâmes bientôt à nous appercevoir du changement du terrein que le Pophar m'avoit prédit : la terre étoit couverte d'une sorte de mousse, qui de loin ressembloit assez à de l'herbe, & le terrein en certains endroits (*a*), nous paroissoit fertile.

(*a*) Nous avons dit dans les Remarques

Ce fut enfin avec un joye inexprimable, du moins pour moi, qui ne pouvois pas être sans inquiétu-

précédentes, qu'il est probable que non-seulement les déserts d'Afrique, mais encore toutes les grandes couches de sables & de gravier qu'on y voit, ayent été formés par le déluge universel.

Plus les couches de gravier sont profondes, plus elles font voir, par les matieres hétérogênes qui s'y trouvent, qu'elles y ont été amenées, & qu'elles n'ont point été produites dans ces lieux, *ab origine*. Les espéces de précipices, & les creux irréguliers qu'on voit aux extrémités de presque toutes les montagnes du monde, prouvent évidemment qu'elles ont été causées par une agitation violente qui aura entraîné la terre la plus facile à se détacher & les pierres d'un moindre volume : or, rien n'est plus naturel que la supposition d'un déluge ou d'un fluide agité, qui, par sa violence, entraîne tout ce qui peut être ébranlé.

Avant le déluge la terre & le gravier ne faisoient qu'un tout ensemble. Les eaux par leur violente agitation les auront séparés en délayant la terre ; & lorsqu'elles auront commencé à se reposer, alors la matiere la plus grave sera tombée au fond,

de, de me trouver dans un pays ſi inconnu, que nous découvrîmes des arbres, de la verdure, & les com-

& ſe ſera accumulée dans les endroits où nous voyons des couches de gravier.

C'eſt ce qu'on pourroit prouver encore plus démonſtrativement s'il en étoit beſoin. Le grand nombre de coquilles pétrifiées qu'on trouve dans toutes les parties du monde, dans les terres les plus élevées, n'ont jamais pû être l'effet d'un jeu de la nature, comme quelques Philoſophes trop ſubtils l'ont imaginé: on n'en ſçauroit rendre compte autrement que par l'hypotheſe d'un pareil déluge; & comme on voit de ces coquilles dans toutes les parties du monde, il s'enſuit que le déluge doit avoir été univerſel. C'eſt à la même cauſe qu'il faut attribuer le changement ſubit du terroir dans tous les pays; car la même violence de l'eau qui ſéparoit la terre d'avec les pierres, doit naturellement les avoir accumulées avec beaucoup d'inégalité. Quant à l'Afrique, tous les Anciens parlent de la fertilité incroyable de ce pays dans certains endroits, & de ſon extrême ſtérilité en d'autres.

La hauteur prodigieuſe des ſables dans

mencemens de quelques vallées qui ſembloient s'étendre à perte de vûe. Les pluyes avoient ceſſé, mais l'air étoit rempli d'un brouillard épais qui provenoit en partie des exhalaiſons de la terre après les pluyes (*a*), & en partie de ce que les arbres & les montagnes empêchoient les nues de s'élever. Cela me fit croire que le tems eſt plus lent à s'éclaircir dans les déſerts que dans les pays habités. Le Pophar me dit que s'il y avoit eu moins de brouillard

l'Afrique, dans les endroits qui ſont entre les Tropiques, peut non-ſeulement avoir été cauſe que le ſable ou le gravier ait formé de plus grands creux, lorſque les eaux qui couvroient la terre ſe ſont deſéchées, mais les vallées les plus étendues peuvent avoir été très-peu de choſe dans les commencemens.

(*a*) Il eſt très-naturel de croire qu'il ne peut s'élever que très-peu d'exhalaiſons de ces déſerts arides.

il m'auroit fait voir le plus beau pays de l'Univers : je n'eus aucune peine à le croire ; les parfums qu'exhaloient les arbrisseaux odoriférans & les fleurs, m'enchanterent au point de me faire presque oublier toutes mes fatigues passées. Je ne crois pas que tout ce que l'Arabie heureuse produit de plus exquis, puisse en approcher : il me sembloit sortir du repos le plus délicieux.

Le Pophar nous ordonna de nous arrêter en cet endroit, & de nous rafraîchir, ajoutant qu'il y falloit rester jusqu'au lendemain. Nous campâmes à l'extrémité de ces vastes déserts auprès d'un ruisseau, en attendant de nouveaux ordres.

Secrétaire. L'heure du dîné étant venue, les Inquisiteurs interrompirent Gaudence en cet endroit de sa narration, & remirent à l'après-midi la lecture de la ſuite de ſes Mémoires.

Nous ſéjournâmes en ce lieu, il fallut y attendre nos compagnons qui avoient été obligés de retarder leur marche à cauſe du dromadaire que nous avions beſoin de ménager; nous avions auſſi été retenus pendant quelque tems par une cérémonie religieuſe : chacun avoit changé d'habits pour paroître dans la couleur de ſa Tribu ; cet uſage eſt ainſi établi parce que ce peuple eſt diviſé en cinq Nomes ou Tribus, dont chacune avoit eu originairement pour Chef un des fils du premier Pophar, qui s'étoit mis à leur tête lorſqu'elles ſortirent d'Egypte; c'eſt la ſtatue de ce ſage conducteur que nous vîmes à la pyramide dont j'ai déja parlé.

Chaque Nome, ſuivant les loix du pays, doit être diſtingué par ſa couleur ; il n'eſt point de rang, dignité ou poſte qui n'ait auſſi quelque marque de diſtinction : par une loi ſi ſage on a évité la confuſion des états ; & quoiqu'il n'y ait perſonne qui ne ſoit égal aux autres, on a cru cependant néceſſaire d'établir des marques qui indiquaſſent en quoi & comment on peut être utile à l'Etat ; de ſorte qu'une ſemblable politique paroît être inventée plus pour donner de l'émulation, que pour inſpirer le deſir de dominer.

Le grand Pophar, deſcendant du fils aîné de l'ancien Pophar, portoit une couleur de flâme à-peu-près auſſi vive que celle des rayons du Soleil, cette couleur indiquoit qu'il en étoit le Grand Prêtre.

Notre Régent portoit le vert parsemé de ſoleils d'or, comme vous l'avez vû dans le portrait. Cette couleur eſt l'emblême du printems dont ils jouiſſent pendant la plus grande partie de l'année.

La couleur du troiſiéme Nome étoit un rouge vif, ſimbole de l'Eté.

Celle du quatriéme étoit jaune, elle repréſentoit l'Automne.

Celle du cinquiéme, qui étoit pourpre, étoit l'image de l'Hyver.

Les femmes ſont elles-mêmes ſujettes à la même loi. Chacune porte la couleur de ſa Tribu reſpective, avec cette différence cependant, que leurs habits ſont parſemés de ſoleils & de lunes d'argent. J'ai toujours penſé, quoique le Pophar n'ait jamais voulu me l'avouer, que les lunes n'avoient été ajoutées que pour exprimer les rapports intimes qu'on apperçoit entre les variations de cette planete & l'inconſtance du beau ſexe.

On diſtingue les jeunes filles par une nouvelle lune, les nubiles par une lune en ſon plein, qui décroît à meſure qu'elles vieilliſſent; les veuves ſont diſtinguées par une lune dans ſon décours. Tous ces ſignes ſont exprimés ſi diſtinctement, que, quoiqu'étranger, je ne prenois plus le change quelques jours après mon arrivée.

Les deſcendantes du premier Pophar furent mêlées avec les autres femmes; celles de la fille aînée porterent la couleur du fils aîné avec une marque de diſtinction, par laquelle on voyoit auſſi qu'elles étoient exclues du Popharat ou de la Régence ; excepté dans le cas où les enfans mâles des autres Pophars ou de leurs descendans manqueroient, ou qu'ils n'auroient point atteint l'âge compétent pour gouverner.

Quelque précaution que ce peuple judicieux ait pris pour l'ordre de la succession dans le gouvernement, on voit cependant qu'il est confus. Déplorable effet de la sagesse humaine, dont les vûes bornées ne peuvent s'étendre sur l'avenir, fécond en circonstances que le Législateur le plus éclairé ne peut prévoir. Je tâcherai cependant d'y jetter quelque jour en vous donnant une idée claire des mœurs & du gouvernement de la nation la plus sage & la plus vertueuse, de la nation enfin qu'on pourroit avec raison appeller le Peuple choisi de Dieu, ſi elle étoit éclairée du Soleil de juſtice, qui eſt l'ame du Chriſtianiſme.

Ils ont la liberté de choiſir une des cinq couleurs lorſqu'ils paſſent dans des pays étrangers; mais tous ceux qui ſont du voyage ſont obligés de ſe mettre uniformément, pour mieux ſe reconnoître; on regarde au contraire comme un crime d'État de paroître dans le pays avec une couleur différente de celle qui eſt affectée au Nome auquel on appartient. Une précaution auſſi ſage les éclaire ſur les vertus ou les vices de chaque famille, ils ſçavent ainſi qu'elles ſont celles qui dégénérent de la vertu de leurs ancêtres.

Toute la Caravane ſe préparoit ainſi à paroître dans la couleur de ſa Tribu reſpective, & ce préparatif ne laissa point que de nous retarder.

Comme étranger je ne changeai point d'abord de robe, je fus dans la suite incorporé à la famille du Pophar & revêtu de la couleur de son Nome; leurs robes de soye parsemées de soleils d'or, & leur front orné d'un bandeau d'une couleur éclatante, enrichi des plus belles pierreries, formoient un coup d'œil charmant. On diroit d'ailleurs que la nature a extrait les beautés de tous les hommes de l'Univers pour les rassembler dans ceux-ci.

La vûe s'égaroit dans des bocages qui par leur immensité se perdoient dans le plus bel horizon du monde; soit qu'on la tournât sur les colines, soit qu'on la portât sur les vallées, tout le pays paroissoit une forêt continue, coupée cependant par intervalles

valles d'eſpaces réguliérement quarrés ; les couleurs des feuillages, des fleurs & des fruits ſe confondoient avec les rayons, que des globes d'or envoyoient à travers les branches des arbres, & formoient un tapis vert brodé en or, qui paroiſſoit ſuſpendu en l'air, & ſembloit peindre d'après nature ces lieux enchantés que l'Etre Auteur avoit deſtiné à la plus parfaite, & à la plus ingrate de ſes créatures.

Je demandai au Pophar s'ils vivoient dans les bois, & ſi tout le pays n'étoit qu'une forêt. Quand vous y ſerez arrivé, dit-il en ſouriant, vous verrez autre choſe. Regardez derriere vous, continua-t'il, comparez les ſables affreux que nous avons traverſés avec la perſpective qui vous enchante. Je remarquai en effet que la triste stérilité du pays que nous quittions, ne servoit qu'à relever la riante fécondité de celui où nous allions entrer.

Si tout le pays vous paroit, me dit le Pophar, une forêt immense, vous n'en serez pas surpris lorsque vous verrez que non-seulement nos campagnes, mais encore toutes les rues de nos Villes sont plantées d'arbres de toute espèce. Lorsque nous nous sommes attachés à l'utile, nous n'avons pas perdu de vûe le commode & l'agréable; il nous reste cependant assez de terrein qui nous fournit toutes les choses nécessaires à notre subsistance. Les rayons qui vous éblouissent même à travers les arbres, partent des Soleils d'or dont nous ornons le comble de nos Temples, de nos édifices publics & de nos maiſons ; cet éclat eſt tranché d'un vert de certaines plantes vivaces & odoriférantes que nous y cultivons, auſſi ne voyez-vous de toute part que de la verdure.

Je lui repréſentai que des agrémens ſi recherchés me paroiſſoient trop tenir à la volupté pour que la pureté des mœurs dont il m'avoit fait l'éloge ſi énergiquement, pût s'y conſerver.

Raſſurez-vous, me dit-il, je lis dans vos yeux que vous craignez de m'offenſer par cette obſervation, il n'eſt point difficile de vous faire ſortir de votre erreur. Tout cet or que nous expoſons au grand jour, tous ces ornemens ne ſont qu'un ſacrifice continuel que nous offrons au Soleil, c'eſt de cet aſtre que nous tenons tous ces biens, il eſt auteur de notre bien-être ; n'eſt-il pas juſte que notre reconnoiſſance nous acquite envers lui de tant de bontés en expoſant à ſes rayons les biens que ſon influence produit ? S'il rend fécondes toutes les matrices que *l'El* a diſperſées dans le ſein de la terre, eſt-ce pour que les hommes y laiſſent corrompre de ſi excellentes productions, ou bien afin qu'après les avoir arrachées de leurs priſons, ils les enferment dans une autre, qu'ils les adorent, & rendent un hommage ſervile à une matiere qui n'eſt que ce qu'ils la font être ? Non ſans doute, mon fils, les biens de la terre échauffés par le Soleil, ne ſont faits que pour les hommes, ils doivent en jouir aprés toute fois en avoir fait hommage à cet Etre lumineux qui eſt le Pere commun de toute la nature.

Nous expoſons à ſes regards l'or, la verdure, enfin tout ce que nous avons de plus riche, afin que par ſon mouvement d'attraction, il en prenne la quinteſſence, & nous jouiſſons de ſes précieux reſtes. Si après ce que vous venez d'entendre nous vous paroiſſons voluptueux, vous ne nierez pas du moins que nous le ſommes avec ſageſſe.

L'Inquiſiteur. Que penſez-vous de cette réponſe ?

Gaudence. Je penſe, mes Révérends Peres, qu'il eſt peu de Chrétiens qui rapportent avec une reconnoiſſance auſſi vive à leur Dieu, qui eſt le ſeul, & le ſeul véritable, tous les biens dont ſa providence inépuiſable les comble ; que puiſque des Idolâtres ſont pénétrés de ſentimens ſi pieux pour des Divinités imaginaires, le Chrétien, qui a la foi pour guide & le vrai Dieu pour objet, devroit rougir d'être si tiéde pour son Conservateur éternel.

L'Inquisiteur. Reprenez le fil de votre histoire ?

Gaudence. Je lui demandai si le dedans de leur maison étoit aussi riche que le dehors paroissoit l'être. Non, me répondit-il, il y regne une grande simplicité : si nous avions permis, continua-t'il, à chaque Citoyen d'embellir sa maison suivant sa fantaisie, nous aurions manqué contre le principe fondamental de l'union & de la societé : chacun s'abandonnant à ses caprices, auroit cherché à faire d'un lieu, qui dans l'ordre des choses n'est destiné qu'à servir d'azile contre les intempéries de l'air, un lieu de délices ; le cœur, l'esprit ſe ſeroient fixés à cet objet unique. Chacun trouvant toutes ſes aiſances dans ſa maiſon, ſe ſeroit ſuffi à lui-même, & n'auroit point cherché dans le commerce des autres un bien dont il n'auroit pas eu beſoin. De ce principe funeſte on auroit vû éclôre l'intérêt particulier ennemi capital de l'intérêt général. Il falloit donc par la conſtitution laiſſer aux hommes des beſoins qu'ils ne puſſent ſatisfaire qu'en commerçant avec les hommes, & c'eſt ce que nous avons fait, en les mettant dans l'heureuſe néceſſité de ſortir de chez eux.

D'ailleurs ſi nous avions ſouffert les meubles ſomptueux, nous aurions entendu bientôt le *tien* & *le mien*. La comparaiſon du particulier au particulier auroit ſuſcité la jalouſie ; & la plus grande partie de la

Nation, séduite par le démon de la propriété, auroit trouvé un plaisir inhumain dans le besoin de l'autre. De quels tristes effets n'auroit point été suivi le luxe? injustices, concussions, intrigues, manœuvres secretes & infâmes, autant de crimes que le succès auroit divinisés. De-là les plaintes des opprimés, la désunion, les querelles particulieres qui précédent ordinairement les querelles générales; de-là enfin par une nécessité inévitable, la rupture de ce lien qui fait les charmes de notre vie, la solidité de notre gouvernement, le bonheur de l'Etat, & qu'on appelle amitié: le Citoyen au contraire ne trouvant chez lui rien qui le séduise & qui l'attache, va après avoir rempli les devoirs de son état, chercher dans les places publiques le délaſſement de ſes occupations. Là il trouve ſes amis, c'eſt-à-dire les premiers concitoyens qu'il rencontre. Environné d'édifices ſomptueux & magnifiques, il admire avec eux hors de chez lui ce qui eſt deſtiné au plaiſir de tous en général.

Nous avons ſi bien diſpoſé des plaiſirs, qu'il n'en eſt point qui ne ſoit en commun, ſi vous en exceptez ceux qui néceſſairementſont particuliers, comme celui de s'attacher à quelqu'état, & de s'y diſtinguer.

Il n'eſt rien dans la nature qui lie ſi étroitement les hommes que le plaiſir; il n'eſt rien au contraire qui les diviſe ſi fort que le plaiſir particulier, parce qu'il part toujours d'un intérêt particulier. Auſſi avons-nous établi la communauté du premier à l'exclusion de la particularité du dernier. De cette cause, qui prend sa source dans la nature même, viennent cette union intime, & cette amitié réciproque qui font notre gloire & notre bonheur.

Nous quittâmes le désert pour traverser plusieurs bocages, qui exhaloient des parfums bien différens de ceux qu'on connoît en Europe; la fraîcheur de l'air du matin, & les odeurs que répandoient non-seulement des fleurs, mais encore des plantes vertes, les rendoient infiniment plus vifs, mais plus doux & plus agréables que ceux que l'on respire dans ce pays.

Nous arrivâmes enfin à une plaine spacieuse couverte d'herbe & de mousse, dont la descente étoit aisée. C'étoit l'extrémité du désert; un peu au-delà couloit une petite riviere ſablonneuſe qui bornoit ce Royaume, ou plutôt ces Etats Anarchiques.

Nous nous arrêtâmes pour attendre dix hommes que nous vîmes venir d'un pas aſſez lent au-devant de nous. Ils étoient habillés des différentes couleurs de leurs Nomes, leurs robes étoient parſemés de ſoleils d'or, comme celles de mes compagnons, mais leurs têtes étoient couvertes de pouſſieres. (C'eſt le ſigne de deuil.) Lorſqu'ils furent à une certaine diſtance, ils ſe proſternerent devant le Pophar, & reçurent dans un ſilence reſpectueux les urnes d'or, avec la terre ou les cendres qu'elles renfermoient; ils ſe tournerent enſuite, & marcherent ſur la même ligne devant nous tenant les urnes auſſi élevées qu'ils pouvoient. Leur marche lente, leurs viſages triſtes & abattus exprimoient la douleur profonde & la conſternation d'une famille déſolée, qui conduit ſon Chef au tombeau : ces dix perſonnes étoient députées des cinq Nomes pour venir au-devant des urnes.

Nous les ſuivîmes imitant leur maintien juſqu'à la riviere, où étoit un très-beau pont, & un Arc de triomphe orné de magnifiques ſoleils d'or ; nous le paſsâmes pour entrer dans un bocage en cercle, qui nous conduiſit dans une plaine charmante bordée d'une eſpéce d'Amphithéâtre ; cinq avenues y aboutiſſoient : on voyoit un nombre infini d'hommes & de femmes, qui repréſentoient les cinq Nomes ou Gouvernemens de ce pays immense ; chaque Nome avoit sa couleur relative. Cette diversité, dont l'éclat des soleils d'or relevoit la magnificence, formoit un spectacle ravissant.

Dès que nous fûmes entrés dans l'Amphithéâtre, le profond silence, que l'on avoit gardé jusqu'alors, se changea en cris de joye & d'acclamations, dont l'air retentissoit : aussitôt la multitude se prosterna & adora les urnes. Dix Chars de triomphe, ornés de soleils, avancerent ensuite selon l'ordre des Nomes, ce qui étoit indiqué par chaque couleur affectée à tel & tel Nome. Neuf de ces Chars étoient tirés par six beaux chevaux ; & le dixiéme, qui étoit destiné au Pophar Régent, par huit. Les cinq Députés qui étoient les Chefs des différens Nomes, monterent avec ceux de leur ſuite dans cinq des Chars, où ils poſerent les urnes. Mais comme j'étois ſurnuméraire & étranger, on me plaça derriere le Pophar ; il me dit que c'étoit la ſeule marque d'inégalité que j'aurois à éprouver parmi eux.

Nous fûmes eſcortés de cinq eſcadrons de Cavalerie de cinquante hommes chacun, tous habillés de la couleur de leur Nome avec des drapeaux de la couleur uniforme de chaque Tribu reſpective, & un ſoleil d'or au milieu.

Dans cet ordre nous traversâmes l'avenue qui étoit vis-à-vis nous ; elle menoit à un autre Amphithéâtre d'une étendue immenſe, où nous vîmes un nombre infini de tentes de ſoye de toutes les couleurs des différens Nomes, & enrichies de ſoleils d'or. Il fallut s'y repoſer & prendre des rafraîchiſſemens. La tente du Pophar étoit au centre des tentes vertes, c'étoit ſa couleur & celle de ſon Nome, qui étoit le ſecond en dignité. Cette deſcription m'a paru néceſſaire, parce que je crus appercevoir que cette cérémonie tenoit plus à la Religion qu'à la Politique. Ce peuple (*a*) eſt extrê-

(*a*) *Extrêmement myſtérieux dans toutes ſes actions, &c.* Les anciens Egyptiens étoient ſi myſtérieux, ſurtout dans ce qui regardoit leurs cérémonies Religieuſes, & les ſecrets du Gouvernement, qu'il eſt très probable que c'eſt à eux qu'on doit attribuer l'origine des anciennes Fables, que peu de perſonnes entendent bien. Cependant le ſçavant Bochart les fait venir principalement des Canaanites, qui, ſe diſperſant par toute la terre pour fuir Joſué, tromperent les crédules Grecs par les différentes ſignifications des mêmes mots dans leur langage. Il eſt à remarquer que dans les langues les plus anciennes,

mement myſtérieux dans la moindre action. Souffrez, mes Révérends Peres, que je vous explique en peu de mots cette cérémonie : je penſe que les intérêts de ma Religion l'exigent ; au ſurplus vous en déciderez.

La pauſe que nous fîmes avant que d'arriver au pont, la lenteur de la marche, le ſilence & l'air affligé marquoient non-ſeulement les honneurs funebres qu'ils rendent à leurs Ancêtres décédés, mais encore toutes les calamités & les fatigues auſquel-

comme l'Hébreu & ſes différentes dialectes, dont la langue Cananéene ou Phénicienne en étoit une, le Chinois, &c. le même mot avoit pluſieurs ſignifications : il faut en attribuer la cauſe ou à la grande ſimplicité, & à la ſtérilité des anciennes langues, ou peut être avec plus de raiſon, à des myſteres que ces Anciens affectoient dans toute leur conduite.

les

les l'homme eſt ſujet pendant le cours d'une vie, qu'il doit regarder comme un triſte exil, où il eſt continuellement en proye à mille deſirs déreglés, & dans lequel tout ſe réduit à naître pour le travail, à travailler pour vivre, & à vivre pour mourir.

Le paſſage du pont ſignifie, ſelon eux, que l'homme ne peut trouver le véritable repos que par la mort, que la mort eſt par conſéquent pour lui la porte du bonheur, lorſque ſa vie ne le met point dans la triſte néceſſité de la craindre.

Je demandai au Pophar ſi ces honneurs qu'ils rendoient à leurs Ancêtres, ne tenoient point un peu de l'Idolâtrie: Non, me répondit-il, lorſque nous élevons les jeunes gens dans ce reſpect pour les cendres de leurs peres, nous n'entendons point qu'ils leur portent ce respect & cette adoration qui n'appartiennent qu'à la Divinité. Nous prétendons seulement par cette politique fondamentale de notre Gouvernement, leur prouver combien ils doivent d'égards aux Auteurs de leur vie pendant qu'ils sont vivans : puisqu'après leur mort même, qui est un état d'impuissance, on leur doit cet hommage respectueux que nous leur rendons avec tant de pompe.

Les cris de joye qu'ils pousserent, lorsque les urnes furent arrivées dans cet heureux pays, signifioient le bonheur de la vie future. (Ce peuple est très-persuadé de l'immortalité de l'ame, & croit qu'il n'y a que des bêtes brutes qui puissent en douter.) Ces cris marquoient encore qu'ils croyoient que leurs Ancêtres, dont ils apportoient les cendres jouiſſoient déja d'un repos éternel.

Inquiſiteur. Vous ne penſez pas ſans doute ſi favorablement des Payens, quelqu'amour qu'ils ayent pour la vertu, puiſque l'Ecriture ſainte ne promet de vrai bonheur dans l'autre monde, qu'à ceux qui ſont régénérés en Jeſus-Chriſt, & par Jeſus-Chriſt?

Gaudence. Non, mes Révérends Peres, je ne parle de leur Religion que pour vous la faire connoître; comme je crois en Jeſus-Chriſt, je ſçais que ce n'eſt que par les mérites de ſon ſang que je puis parvenir à ce ſéjour heureux, dont les délices ne peuvent être exprimés.

Inquisiteur. Poursuivez.

Gaudence. Chaque cérémonie chez eux couvre toujours quelques mystere ; il ne m'a pas paru qu'il y eût de mal dans aucune, à l'exception de ce qu'ils se prosternoient devant les urnes, ce qui avoit bien l'air d'idolâtrie ; mais ils disoient toujours que ce n'etoit qu'une cérémonie purement civile, une marque de respect pour leurs parens décédés. (*a*)

(a) *Une marque de respect pour leurs parens décédés, &c.* Voyez ce qui a été dit à ce sujet dans les Notes de la premiere Partie, & dans la Relation du culte des Chinois (qui étoient originairement Egyptiens :) lisez les disputes entre les Dominicains & les Jésuites, où ces derniers ont voulu soutenir que les cérémonies, & les sacrifices qu'ils faisoient en l'honneur de leurs Ancêtres décédés, n'étoient que de simples marques d'un respect civil & naturel. Les Dominicains ont soutenu au contraire que c'étoit une idolâtrie, & ils ont eu raison ; Clement XI. a condamné toutes ces cérémonies comme idolâtres.

Avant de vous décrire les beautés de ce pays, permettez, mes Révérends Peres, que je parle d'une chose plus essentielle, c'est-à-dire de la forme du Gouvernement, des Loix & des Coutumes tant Religieuses que Civiles. Je vous donnerai aussi dans la suite une idée de la magnificence, jointe à beaucoup de simplicité naturelle, de leurs Villes, Temples, Ecoles, Colleges, &c. Comme le même goût regne dans tous leurs édifices, à l'exception de ceux qui sont destinés à des usages particuliers, à des Manufactures, ou à d'autres choses de cette nature; vous aurez une idée générale de tous, lorsque je vous aurai décrit ceux de la grande Ville de Phor, qui dans leur langue sacrée est nommée No-om (*a*);

(a) *Qui dans leur langue sacrée est nom-*

car si je m'arrêtois à la description des richesses immenses, de la fertilité & des beautés de ce Pays, ce récit, qui est une relation véritable d'un endroit où j'ai demeuré tant d'années, auroit plutôt l'air d'un Roman que d'un voyage réel. Je me contenterai donc de vous dire, mes Révérends Peres, qu'après avoir fait sous ces tentes un repas magnifique, composé des fruits & des vins les plus délicieux, nous arrivâmes le même soir à une de leurs Villes, d'où, voyageant avec toute la pompe que je viens de décrire, & toujours logés superbement, nous allâ-

mée No-om, &c. Josephe, contre Appion, distingue deux langues chez les anciens Egyptiens, l'une sacrée & l'autre commune. La langue sacrée étoit pleine de mystères, probablement dans le goût de la cabale des Juifs.

mes à la Capitale de ce Nome, qui, comme je vous ai déja dit, étoit le Nome vert, appartenant au Pophar Régent, & le ſecond en dignité de tout l'Empire.

L'urne des cendres qui appartenoient à ce Nome, fut dépoſée dans une eſpèce de Tabernacle d'or, enrichi de pierres précieuſes d'un prix immenſe, au milieu d'un Temple ſpacieux, dont je ferai la deſcription dans la ſuite.

Après huit jours de réjouiſſances & de fêtes célébrées à l'occaſion de l'heureux retour du Pophar, & de ſon élévation à la Régence, nous partîmes pour aller viſiter les autres Nomes, & dépoſer les autres urnes dans leurs Temples.

Le Pays eſt un peu montagneux, ſur-tout au-deſſous de la ligne, & aſſez irrégulier ; il y a des vallées qui s'étendent entre les déſerts : on voit auſſi dans le cœur du pays de vaſtes chaînes de montagnes, dont les entrailles renferment des richeſſes immenſes. La Ville capitale de l'Empire eſt ſituée à-peu-près au centre de tous les Nomes, & au milieu du pays ; les quatre Nomes inférieurs forment les quatre coins de l'Etat, & le Nome couleur de flâme, où réſide le Régent, eſt au centre du quarré. Leur coutume eſt de viſiter les quatre Nomes inférieurs, & d'y dépoſer les urnes, avant que d'aller à la Capitale du premier Nome, où l'on acheve la cérémonie.

Je me ſuis apperçu que la politique entroit pour beaucoup dans la viſite que nous fîmes des cinq Nomes, politique d'autant plus louable que ſous le prétexte de la Religion, on prend connoiſſance des malverſations, & qu'elles ne peuvent échapper aux regards du Miniſtère. Nous arrivâmes enfin à la grande Ville de *Phor*, qu'on appelle auſſi *No-om*, où il falloit dépoſer la derniere urne, & où tout le peuple devoit rendre hommage au grand *Pophar*, ou au Régent quand le premier eſt mort.

Le concours, tant de ceux qui avoient accompagné la proceſſion des urnes, que des habitans de cette Ville, étoit ſi prodigieux que l'on ne conçoit pas comment des Peuplades ſi peu nombreuſes dans leur commencement, ont pû ſe multiplier à ce point, ſurtout les liens du mariage y étant auſſi ſacrés, preuve triomphante contre les défenſeurs de la polygamie, qui ſous le faux amour de la ſociété, s'intéressent pour un systême qui ne sert qu'à la détruire. On peut se convaincre de cette vérité par la comparaison des Asiatiques avec les Européens, où le mariage est indissoluble, & la pluralité des femmes également condamnée par la loi divine, & par les loix civiles.

Mais ce qui excitoit encore plus mon admiration, c'étoit l'ordre & la décence qui regnoient parmi eux, étant tous distingués par leurs rangs, leurs Tribus & leurs couleurs; la terre étoit couverte de tentes magnifiques.

Je ne doute point, mes Révérends Peres, que vous n'entendiez avec plaisir la description de cette Ville; je crois devoir la faire, parce que comme elle est le modele des autres, si on en excepte celles que l'on destine aux arts & au commerce, en la connoiſſant, vous aurez une idée juſte de toutes les autres. Le caractère de ce peuple eſt d'affecter l'uniformité & une égalité parfaite, auſſi ne manque-t'on point d'inſinuer aux jeunes gens qu'ils ſont tous freres & membres indiviſibles d'un même corps.

La Ville de *Phor*, qui veut dire *Gloire*, ou de *No-om*, qui ſignifie Maiſon du Soleil, eſt bâtie en cercle à l'imitation du Soleil & de ſes rayons; elle eſt ſituée au milieu de la plus large plaine de tout le pays, & ſur la plus grande riviere, qui eſt à-peu-près auſſi large que le *Pô*. Elle prend ſa ſource dans une chaîne de montagnes ſous la ligne, & coule vers le Nord, où elle forme un grand lac, qui eſt comme une mer; il n'a point de ſortie, ſes eaux s'évaporent ſans doute par la chaleur du Soleil, ou elles ſe ſont frayées un paſſage à travers les ſables des vaſtes déſerts dont elles ſont entourées. Du lit de ce lac ſe détache un canal magnifique qui partage la Ville ; mais pour empêcher les inondations, & pour la commodité des habitans, l'eau, avant que d'entrer dans la Ville, forme pluſieurs grands baſſins, où l'on a élevé des écluſes qui ſervent où à la retenir, ou à la faire paſſer dans les canaux collatéraux qu'on y a pratiqués.

Le canal du milieu traverſe toute la Ville juſqu'à la grande place qu'il entoure de deux demi-cercles fermés par une écluſe, ce qui fait une eſpece d'Iſle, au centre de laquelle on a élevé un Temple au Soleil. En parallele de l'écluſe on voit les eaux des deux demi-cercles ſe rejoindre & ſe perdre dans la totalité du canal. Il y a douze ponts à une arche, dont dix ſont élevés ſur les canaux circulaires, & les deux autres ſur la ſéparation & le confluent des eaux; on en a auſſi pratiqué de diſtance en diſtance ſur les canaux droits. Avant que la riviere entre dans la Ville, la premiere écluſe la partage en deux demi-cercles prodigieux qui l'entourent; tous les canaux ſont plantés de deux rangs de cédres qui forment des allées charmantes.

La grande Place eſt au centre de la Ville: c'eſt un cercle ou vaſte théâtre entouré des eaux du canal. On voit au centre le Temple du Soleil, il eſt composé d'autant de doubles colonnes de marbre qu'il y a de jours dans l'année (*a*), elles ſont à triple étage : au haut du Temple eſt un dôme ouvert, par lequel on peut voir le Soleil. Ces colonnes ſont de l'ordre ïonique (*b*) & d'un marbre auſſi blanc que la neige : elles ſont fluttées, & portent des corniches & des chapiteaux dorés : les vaſtes galleries portées ſur ces collonnes ſont peintes en dedans : le mouvement du Soleil, de la Lune & des Etoiles y eſt paſſablement

(a) *Autant qu'il y a de jours dans l'année, &c.* Il me ſemble que notre Auteur ſe trompe ici un peu, car il eſt certain que l'année des anciens Egyptiens n'étoit pas compoſée de tant de jours, à moins qu'on ne veuille que ces gens, qui étoient grands Aſtronomes, ayent été plus exacts dans leurs Obſervations1.

(b) *Ces colonnes ſont toutes de l'ordre Ionique, &c.* On croit généralement que les différens ordres de colonnes, comme le Dorique, l'Ionique, le Corinthien, &c.

bien repréſenté : l'enſemble eſt orné d'hiéroglyphes, dont le ſens n'eſt connu que d'un petit nombre de Chefs ou d'Anciens. L'extérieur du Temple eſt ſur-doré dans le même goût que ce dôme ouvert, qui eſt ſurmonté d'un globe percé à jour

ſont venus originairement des Grecs ; ce qui ſemble prouver cette propoſition, c'eſt que les noms des ordres ſont des noms Grecs. Cependant le fameux & ancien Palais de Perſepolis, quoiqu'il porte un nom Grec, avoit beaucoup d'hiéroglyphes & d'inſcriptions en caracteres tout-à-fait inconnus, ce qui, joint à d'autres raiſons, eſt une preuve que l'invention de ces ordres eſt venue des Egyptiens, ou des anciens Chaldéens, ou plutôt de Seth, de Noé, & des anciens Hébreux. Il eſt encore à remarquer, que l'invention des Arts & des Sciences eſt venue de l'Orient, & qu'on ne peut la prouver que depuis le déluge de Noé, à moins qu'on ne veuille admettre les Fables de Seth, dont le ſçavant Joſeph parle dans ſes Antiquités. Tout cela eſt une preuve très-naturelle de la vérité de Ecrits de Moyſe & ſuffit pour confondre nos Sceptiques modernes.

en côtes de melon. Au milieu du dôme est un ſoleil d'or ſuſpendu dans le vuide, & ſoutenu par des tringles de même métal, attachées à l'ouverture : ce ſoleil artificiel regarde en bas comme pour éclairer un globe terreſtre, qui eſt ſur un piedeſtal en forme d'autel, au-deſſous du Soleil, ſelon la ſituation de leur pays, à l'égard de ce corps lumineux : c'eſt-là où ſont renfermées les urnes remplies des cendres des Ancêtres des Mezzoraniens.

Les ſiéges des Anciens ou Chefs de l'Etat, qui tiennent publiquement conſeil dans ce Temple ſont pratiqués au-dedans des colonnes. Il y a douze portes pour entrer dans le Temple, elles répondent parallelement à douze grandes rues : on voit à chaque porte un eſcalier ſuperbe

perbe & d'une architecture la plus hardie, qui conduit aux galleries, où l'on met en dépôt les Loix, les Regiſtres de l'Etat, les découvertes qui ont été faites pour le bien de la ſociété pendant l'adminiſtration de chaque Pophar, ou pendant les Régences : on y conſerve auſſi avec le même ſoin la vie des hommes illuſtres, qui ſe ſont diſtingués dans quelque art ou quelque ſcience, ou par quelque trait extraordinaire de vertu. On ouvre deux fois la ſemaine ces Archives. Quelque Ancien eſt prépoſé de faire des lectures utiles aux jeunes gens qui ont ordre de s'y rendre : ces galleries ſont enrichies d'une baluſtrade dorée, qui régne dans tout le pourtour intérieur du Temple.

On voit ſur les piédeſtaux des colonnes, des hiéroglyphes & des caracteres dont le ſens n'eſt connu qu'aux cinq grands Pophars. Il leur eſt expreſſément défendu, ſous peine de dégradation & de priſon perpétuelle, d'en donner l'explication à d'autres, qu'au ſucceſſeur de celui d'entre eux, qui vient à mourir, ou à manquer par quelqu'autre accident. Je m'imagine que les ſecrets importans de l'Etat, peut-être même ceux de la Religion, ſont voilés ſous ces ſymboles myſtérieux. Ce Temple eſt un chef-d'œuvre de l'Art. Je n'y trouve d'autre défaut, que le fluté des colonnes. Cet ornement m'a paru trop recherché pour la ſimplicité majeſtueuſe, que ce peuple affecte en d'autres occaſions.

Les maiſons ſont bâties en cercle autour de la grande Place, excepté les endroits où les grandes rues aboutissent ; ces rues sont au nombre de douze, qui est celui des signes du Zodiaque : elles sont tirées au cordeau depuis le Temple, qui en est le centre, jusqu'aux extrémités de la Ville. Ce vaste cercle est entouré d'un double rang de cédres, plantés devant les maisons à distances égales ; l'ornement des rues est le même de chaque côté, de sorte qu'elles ressemblent à d'autant d'avenues superbes, qui forment un ombrage extrêmement agréable, dans un pays aussi exposé au Soleil. Les grandes rues sont traversées par d'autres, celles-ci forment autant de cercles paralleles à la grande Place & au Temple, qui est le centre de tout ; ces cercles s'aggrandissent à mesure que la Ville s'élargit. Quand on bâtit de nouvelles maiſons, c'eſt toujours en cercle, juſqu'à ce que le rond ſoit achevé ; après quoi on en recommence un autre, &c. les rues, comme j'ai déja dit, tant droites que circulaires, ſont plantées de deux rangs de cédres. Les carrefours, où les rues ſe croiſent, ſont auſſi en cercle ; ils s'étendent latéralement à meſure qu'on s'éloigne de la grande place qui eſt le centre ; au milieu de ces cercles ſont autant de jardins, bordés tout autour d'arbres, de fontaines & de ſtatues d'hommes illuſtres ; de ſorte que la Ville ſemb le n'être qu'un vaſte jardin rempli de Temples, de pavillons, d'avenues, & de ronds de gazons & de fleurs : il ſeroit difficile de vous donner une juſte idée de la beauté de ce lieu.

J'ai oublié de vous dire, mes Révérends Peres, que les douze grandes rues s'élargissent à mesure qu'elles s'éloignent du centre de la Ville, de sorte qu'en y entrant du côté de la campagne, on voit le Temple & la grande Place, d'où l'on découvre les plus belles avenues & le plus beau pays du monde.

Les grandes Villes des Mezzoraniens, sont toutes bâties de la même façon. Ils commencent par lever le plan du terrein, ensuite il bâtissent un Temple, autour duquel ils laissent une grande Place : cette Place est bornée par un cercle de maisons; & à mesure que le nombre des habitans augmente, ils en bâtissent d'autres, formant cercle sur cercle. Ils tournent en ridicule les autres Nations, dont les villes consistent en un nombre de maiſons & de rues confuſes, ſans ſymétrie & ſans ordre. Dans tous les carrefours, où les rues ſes croiſent, il y a des fontaines publiques, dont l'eau vient par des tuyaux d'une montagne aſſez éloignée : ces Places ſont encore ornées, comme j'ai dit, de ſtatues de grands hommes, qui ont en main le ſymbole de l'action éclatante ou du ſervice qu'ils ont rendu à l'Etat : comme ils ne font jamais la guerre, ce mérite ne peut conſiſter que dans l'invention, ou la perfection des Arts & des Sciences, ou dans quelque action mémorable faite pour le bien de la Patrie. Ces motifs, ſelon eux, ſont infiniment plus nobles & plus louables, que ceux des autres Nations qui font dreſſer des ſtatues & des trophées à des hommes qui ne s'immortalisent qu'à force de donner la mort.

Toutes leurs maisons sont bâties sur le même modéle, & elles sont basses, comme j'ai déja remarqué, à cause des tempêtes & des ouragans, qui sont fréquens dans ce pays; elles sont d'une égale hauteur; les toits en sont plats, & il y a au comble de chaque maison un jardin artificiel (*a*), rempli de fleurs & d'arbrisseaux odoriférans. Si du haut de quelque éminence on regarde

(a) *Un jardin artificiel, &c.* Les anciens Babyloniens avoient des jardins artificiels, *Horti pensiles*, sur les toits de leurs maisons, dès le tems de Semiramis: quoique Hérodote en attribue l'invention à une Reine de Babylone plus moderne, qui étoit Méde de nation, & qui aimant beaucoup les bois, & n'ayant pas la permission de sortir de son Palais, fit faire ces jardins artificiels pour s'amuser.

dans les rues, tous les cercles & toutes les avenues paroissent au-dessous comme un autre monde ; & si on regarde au niveau les toits de toutes les maisons, on est enchanté de la vûe de dix mille jardins différens, de tel côté que l'on se tourne ; en un mot, je ne crois pas que l'Univers entier ait rien de comparable à ce séjour. Ce pays fournit mille autres beautés, & le génie industrieux des Habitans a inventé tant de choses utiles à la vie, qu'il faudroit un volume entier pour en donner une idée : ce seroit trop abuser de votre patience, mes Révérends Peres, que de vous en entretenir plus long-tems.

Les richesses des Mezzoraniens sont immenses, & elles sont en quelque façon communes à tout le monde, comme je le ferai voir en parlant de la nature de leur Gouvernement; les habitans ſont les hommes du monde les plus ingénieux & les plus induſtrieux ; leurs Chefs ou Gouverneurs n'ont en vûe que la grandeur & le bien du Public: chacun jouit abondamment de tout ce que l'homme peut ſouhaiter, dans un pays que le fléau de la guerre n'a point approché depuis près de trois mille ans; car ils n'ont d'autres ennemis que les affreux déſerts qui les entourent, & qui ſervent de barriere contre l'ambition des autres peuples de la terre; ils ſe regardent tous comme freres, qui doivent vivre ſous les Loix d'un pere commun. Il n'eſt point étonnant que des gens élevés dans les principes ſolides dela Loi naturelle, ſoient parvenus à une grandeur & à une magnificence, qu'on ne peut ni croire, ni concevoir en Europe.

Après qu'on eut satisfait aux devoirs, qu'on rend ordinairement aux urnes (les cérémonies Religieuses vont toujours chez ce peuple avant les cérémonies civiles) (a), on pro-

(a) *Les cérémonies Religieuses vont toujours, &c.* Les Nations les plus polies de l'Antiquité, même parmi les Payens, on toujours donné à la Religion la préférence sur toute autre chose : à l'égard de la Religion Chrétienne, quoiqu'en disent certains beaux esprits, il est constant que plus on s'y perfectionne, plus on devient honnête homme : il n'y a qu'à examiner la différence des mœurs des uns & des autres, pour se convaincre de cette vérité.

La lumiere de la Foi a fait revivre les Lettres, la politesse, l'humanité, la justice & l'équité, & les a fait triompher de l'ignorance & de la barbarie, qui s'étoient répandues sur toute la terre. Si on suivoit, les maximes des prétendus Esprits forts avec tout leur sçavoir, le monde seroit bientôt replongé dans les épaisses ténebres de l'ignorance, & dans une infinité d'erreurs grossieres, dont la Religion nous a fait reconnoître le ridicule & l'extravagance.

céda ensuite à l'installation du Pophar Régent. Cette Cérémonie ne fut pas longue : on le plaça dans un fauteuil tourné vers l'Orient, sur le sommet de la montagne la plus haute du Nome, pour signifier qu'il devoit avoir inspection sur tout le Pays : il avoit les yeux fixés sur le Temple du Soleil, qui étoit devant lui, pour le faire souvenir, qu'avant toute chose, il devoit avoir soin de la Religion de ses Ancêtres. Lorsqu'il fut placé de cette façon, trois cens soixante-cinq des principaux Habitans du Nome, qui représentoient tous les autres, s'approcherent de lui, & le saluerent respectueusement, en lui disant : *Eli Pophar*, c'est-à-dire, nous vous saluons, Pere de notre Nation. Il les embrassa avec toute la tendreſſe d'un véritable pere, en leur répondant, *Cali Benim*, c'eſt-à-dire, mes chers enfans. Enſuite il fut ſalué par le même nombre de femmes. C'eſt-là tout l'hommage qu'on lui rendit ; mais ils regardent cette cérémonie comme une choſe ſi ſacrée, que rien au monde ne peut la faire violer. Toute la différence de ſon habillement conſiſtoit en un grand ſoleil qu'il portoit ſur l'eſtomac, & les pierres précieuſes du bandeau dont ſon front étoit ceint, & celles qui enrichiſſoient une eſpece du bonnet à jour, dont le haut étoit garni d'une magnifique houpe de frange d'or, & d'une plaque d'or mince en forme de ſoleil, étoient plus grandes que celles dont les autres habitans ſe parent.

Dès que les cérémonies & les réjouiſſances, qui ſe faiſoient dans les tentes aux dépens du Public, furent finies, le Pophar fut conduit au milieu des acclamations du peuple & au ſon de mille inſtrumens de Muſique, à une tente magnifique, à la tête de tout le camp du côté de l'Orient ; c'eſt la place d'honneur chez ce peuple, parce que c'eſt-là que le Soleil ſe leve : il ſe rendit enſuite à petites journées à la Ville Capitale du Nome.

On réitéra les mêmes cérémonies dans les autres Nomes, tant pour marquer que tous dépendoient de lui, que parce que l'Empire étoit trop vaſte & trop peuplé, pour que tous puſſent s'aſſembler en un même lieu.

Je ne puis exprimer les careſſes

que chacun me fit, furtout lorfqu'on apprit que ma mere étoit du pays, & que j'appartenois au Pophar. Chaque fois que j'étois introduit dans une nouvelle compagnie, tout le monde m'embraffoit avec une tendreffe infinie, & me donnoit le tendre nom de frere. J'avoue que quelques Dames me parurent pouffer ce fentiment un peu trop loin. J'ai eu dans la fuite, & à mon grand regret, occafion de m'en convaincre : j'imputois cependant leurs prévenances au caractere naturel du fexe, qui fe porte plus volontiers à aimer les Etrangers, que ceux du pays, quand même ils auroient moins de mérite : que ce foit l'effet d'un défaut de jugement, de la légereté, & de l'inconftance qui font comme de fon effence, ou bien d'un esprit de contradiction, qui lui fait desirer avec ardeur, ce qu'il devroit éviter avec le plus de précaution ; c'est ce que je ne prétends pas décider : peut-être les femmes s'imaginent-elles qu'un Etranger est moins prompt à découvrir leurs défauts, & plus propre au mystere ; ce qu'il y a de certain, c'est que j'ai eu beaucoup à souffrir de leur jalousie.

Mais pour achever le portrait de ce peuple, avant que de reprendre ma narration, c'est, comme j'ai deja remarqué, le plus beau sang que la nature ait jamais formé ; le seul défaut que je lui trouve, si cependant c'en est un, il a un air de famille trop marqué. Ce qui vient d'une cause très-louable ; ils sortent tous d'un même tronc ; leur sang n'a jamais été corrompu par des alliances étrangéres (*a*). Comme ils n'ont ni guerre ni commerce avec aucune nation, ils ignorent les vices qui en sont souvent les fruits. Ils ont les

(a) *Par des alliances étrangeres, &c.* Tacite dit à peu-près la même chose en parlant des Allemands : *Ipse eorum opinionibus accedo, qui Germaniæ populos nullis aliarum nationum connubiis infectos, propriam & sinceram & tanquam sui similem gentem extitisse arbitrantur. Tacit. de moribus Germanor.* J'approuve, dit-il, le sentiment de ceux qui croyent que les Habitans de l'Allemagne se ressemblent, tant parce qu'ils n'ont point été infectés d'un sang étranger. On sent bien que c'est des anciens Allemands dont il entend parler. Du tems d'Auguste on les connoissoit à leurs yeux bleus : aujourd'hui même c'est la couleur ordinaire des yeux des véritables Allemands. Je me souviens d'avoir vû passer en revûe un Régiment Allemand dans la ville de Milan, & que presque tous les soldats avoient les yeux bleus. Il n'est donc point étonnant que ces Afrimuains dont notre Auteur parle, se ressemblent si fort.

yeux

yeux trop petits, cependant plus grands que ceux des Chinois ; les cheveux généralement noirs, courts & frisés (*a*) ; leur teint est basané, mais leurs traits sont réguliers. Dans les pays montagneux, vers la ligne, où le climat est moins chaud, par rapport aux vents qui y regnent, les femmes sont même un peu plus blanches que nos Italiennes. (*b*). Les hommes sont en général

(a) *Les cheveux courts & frisés*, &c. Selon Hérodote & Bochart, les cheveux des anciens Egyptiens étoient de même.

(b) *Plus blanches que nos Italiennes*, &c. Quoique nos Italiens soient un peu plus basanés que les Ultramontains Septentrionaux, cependant, nos Dames, qui, dès l'enfance, restent presque toujours dans leurs maisons, ont un très beau teint, & les traits beaucoup plus fins & plus délicats que ceux des autres Nations. *

* M. Rhedi ne connoissoit pas nos beautés Françoises.

grands & bienfaits, à moins qu'ils ne leur ſoit arrivé quelque accident, ce qui eſt fort rare. Les femmes ſont les plus belles & les mieux faites du monde ; mais encore une fois elles ſe reſſemblent toutes : tant de douceur & d'innocence regnent dans leurs yeux, une modeſtie ſi naturelle eſt répandue ſur leurs viſuges, qu'il eſt difficile de décrire des appas qu'on ne peut qu'admirer. La hardieſſe leur déplaît beaucoup dans le ſexe, auſſi je leur dois rendre cette juſtice, je ne crois pas qu'il y ait des femmes au monde plus chaſtes qu'elles, ce qui eſt ſans doute le fruit du grand ſoin qu'on a de l'éducation de la jeuneſſe, dont j'aurai occaſion de parler plus amplement dans la ſuite.

Les voyages que l'on fit dans les

différens Nomes pour y déposer les urnes, me procurerent, dès mon arrivée, l'occasion de voir la plus grande partie du pays, je l'examinai dans la suite plus à loisir. Il est en général assez montagneux, il y a même de vastes chaînes de montagnes qui ont plusieurs centaines de milles de longeur, & qui s'étendent ou au-dessous de l'Equateur, ou en ligne parallele.

Les vents frais qui s'y élevent, & un nombre infini de rivieres qui y prennent leurs sources, & qui arrosent les plaines, coulent vers le Nord & vers le Sud, mais principalement vers le Nord (*a*), ce qui rend ce

(a) *Mais principalement vers le Nord, &c.* C'est une chose remarquable que la plûpart des sources d'eau sortent du côté Septentrional des montagnes ou des collines, & qu'il

climat beaucoup plus tempéré qu'il ne devroit naturellement être. Ces montagnes, & les grands bois dont elles sont ordinairement couvertes, causent les pluyes auxquelles ce pays est sujet. (*a*) Il y a des forêts & des bois extrêmement étendus que les habitans coupent à mesure qu'ils veulent étendre leur terrein; mais

y ait beaucoup plus de rivieres qui prennent leur cours vers le Nord que vers le Sud, du moins en deçà de la ligne; cette régle n'est cependant pas sans exception, la raison de cela peut être prise de ce que les côtés Septentrionaux des montagnes sont plus longtems couverts de rosée & de brouillards, que ne le sont les côtés Méridionaux, où le Soleil séche plutôt l'humidité: cependant, quoique la plûpart des sources d'eau proviennent de la pluye, des brouillards, &c. il s'en trouve qui n'ont pas la même cause.

(*a*) Les Naturalistes sçavent à merveille que les montagnes & les grands bois attirent les nues & les vapeurs, & qu'ils sont par conséquent cause qu'il y tombe plus de pluye que dans d'autres lieux plus plats & plus découverts.

ils ont toujours ſoin de laiſſer de diſtance en diſtance des bocages, qui ſont d'une grande utilité, & en même tems d'un grand agrément dans la campagne. La quantité de pluyes & l'inégalité du pays rendent les chemins mauvais, mais on eſt bien dédommagé de cette incommodité par le grand nombre de fontaines, de ruiſſeaux & de vallées charmantes, qui jointes à l'innocence des habitans, feroient regarder la Mezzoranie comme un Paradis terreſtre.

La terre eſt ſi fertile, & produit ſi abondamment non-ſeulement pluſieurs ſortes de grains & de riz, avec une eſpèce de froment beaucoup plus grand & meilleur que le bled des Indes, & une variété infinie de fruits, de légumes & d'herbes extrêmement nourrissantes & délicates, que le moindre soin qu'ont les habitans est de faire la provision de fruits nécessaires pour tant de monde. On seroit tenté de croire que la Providence a excepté cette partie de l'Univers des malheurs que la chûte d'Adam a entraînés après elle, ou bien qu'elle a proportionné la fertilité du pays à l'innocence de ses habitans. Ce n'est pas que l'industrie de ce peuple, jointe à la paix & à la tranquillité dont il a toujours joui, n'ait pû contribuer beaucoup à ses richesses & à son abondance.

Leurs Villages, dont la plûpart sont bâtis sur des rivieres ou des ruisseaux, à cause du commerce & des manufactures, sont sans nombre; leurs montagnes sont remplies de mines de toutes sortes de métaux,

& ils ont tout ce qu'il faut pour les travailler : l'argent eſt le métal le plus rare chez eux, & je crois que l'or eſt le plus commun : il en ſort ſouvent de gros monceaux des rochers où ſont les mines, ou par la chaleur naturelle de la terre, ou par d'autres cauſes inconnues. Cet or eſt plus malléable, & plus propre à toutes ſortes d'ouvrages que celui qu'on tire de la mine. Leurs inventions pour les Arts, pour tout ce qui eſt utile à la vie, & même pour la magnificence, ſont étonnantes. En parlant de leurs fruits j'aurois dû faire mention d'une petite ſorte de raiſin qui y croît naturellement, & dont ils font un vin, un peu aigre quand il eſt nouveau, mais qui ſe garde pluſieurs années, & ſe bonifie à meſure qu'il vieillit. Ils cultivent auſſi ſans beaucoup de peine des raiſins plus beaux qu'ils font ſécher.

Leurs vins ſont plus cordiaux que propres à enyvrer, c'eſt leur boiſſon ordinaire avec de l'eau. Il ne me ſouvient pas d'avoir jamais vû dans ce pays aucune bête à corne, ſi l'on en excepte quelques chevres très-grandes, qui fourniſſent du lait excellent : il y a des bêtes fauves ſans nombre, & de pluſieurs eſpèces, qu'on ne connoît point en Europe; on y voit auſſi un petit animal qui tient de la nature du chevreuil & du mouton, la chair en eſt extrêmement délicate & nourriſſante, on en ſert dans tous les feſtins. Ils mangent ordinairement peu de groſſe viande, aſſez de volaille, mais en général ils croyent que la viande eſt une nourriture trop groſſiere; ils aiment mieux le poiſſon, parce qu'il eſt plus aiſé à digérer, auſſi en ont-ils d'excellent & en abondance ; il eſt vrai qu'ils n'ont que du poiſſon d'eau douce, parce qu'aucune de leurs rivieres ne communique avec la mer.

Leurs chevaux ſont petits, mais forts & pleins de vivacité, & extrêmement légers à la courſe ; ils ont une ſorte d'âne ſauvage, plus long que le cheval, très-fort, & propre à porter des fardeaux peſans ; toutes les couleurs de l'*Iris* ſemblent raſſemblées ſur le poil de cet animal. Leurs voitures ſont traînées par des élans, ils ne ſe ſervent des dromadaires que pour traverſer les déſerts dans le tems des Caravanes : leurs rivieres dans les pays plats ſont diviſées en canaux qui rendent facile le tranſport des proviſions & des effets.

Je n'ai voulu, mes Révérends Peres, vous donner qu'une idée générale de ce pays ; je ſçais que ce récit ne vous intéreſſe pas autant que la Religion, les mœurs, les coutumes, les loix & la forme du Gouvernement, cependant je ne puis m'empêcher de dire qu'il n'y en a point dans le monde connu qui puiſſe l'égaler en richeſſes & en toutes les choſes que l'on peut ſouhaiter pour rendre la vie heureuſe ; on en trouve encore moins où l'on ait porté certains Arts & certaines Manufactures à un ſi haut degré de perfection ; mais il eſt des cas où ils ſont autant hommes que les autres hommes, comme vous pourrez le voir dans la ſuite.

Je laiſſe donc mes avantures, je ne vous dirai pas exactement les différens états par leſquels la Providence m'a fait paſſer ; cet article n'eſt pas auſſi intéreſſant pour vous que la Religion, ſes intérêts me ſont plus chers que les miens propres. Aux obſervations que j'ai faites ſur leur Religion, je joindrai celles que j'ai cru devoir faire ſur leurs uſages & leurs coutumes, qui différent autant de celles des autres peuples, que leur pays eſt différent du nôtre ; je vais donc commencer par leur Religion & . . . . .

L'Inquiſiteur. Cet article eſt le plus intéreſſant & demande le plus d'attention ; il faut que nous perdions l'idée de ce beau pays, dont vous nous avez fait une deſcription ſi belle, avant que de vous entendre ſur un point auſſi ſaint que celui dont vous devez nous entretenir : nous le remettons à un autre tems.

Gaudence. Souvenez-vous de votre promeſſe, & n'abuſez point du penchant que ce ſaint Tribunal a à vous croire véridique ; plus nous nous intéreſſons à vous, & plus vous avez à craindre de notre ſaint reſſentiment ſi vous nous trompez. Vous n'avez plus que la Maiſon pour priſon, rendez-vous digne d'une telle bonté par votre bonne foi, & juſtifiez par la vérité de votre récit la douceur que nous avons pour vous. Allez.

Fin de la ſeconde Partie.

www.ingramcontent.com/pod-product-compliance
Ingram Content Group UK Ltd.
Pitfield, Milton Keynes, MK11 3LW, UK
UKHW020244180726
13839UKWH00001B/165